T0361397

WERTUNG UND ERKENNTNIS

ELEMENTA

Schriften zur Philosophie und
ihrer Problemgeschichte

herausgegeben von

Rudolph Berlinger und
Wiebke Schrader

BAND XVII-1981

WERTUNG UND ERKENNTNIS

Untersuchungen zu Axel Hägerströms Moraltheorie

von

DIETER LANG

AMSTERDAM 1981

© Editions Rodopi N.V., Amsterdam 1981
Printed in the Netherlands
ISBN: 90–6203–563–9

INHALT

Einleitung   9

Die Kritik des Wertsubjektivismus   18

These und Argumentation der Antrittsvorlesung (1911)   24

Spätere Argumente   43

Zwei kritische Überlegungen   59

Der Übergang zur sekundären Wertung   70

Der Begriff des Guten   87

Literaturverzeichnis   105

Für die Abfassung dieser Abhandlung waren mir die tätige Anteilnahme, die Prof. Konrad Marc-Wogau ihr entgegengebracht, wie auch die Hinweise und das kritische Interesse, wodurch Dr. Thorild Dahlquist sie gefördert hat, eine große Hilfe. Beiden möchte ich an dieser Stelle meinen Dank aussprechen. Danken möchte ich auch der Universitätsbibliothek Uppsala für die Bereitstellung von Hägerströms handschriftlichem Nachlaß, sowie dem Svenska Institut für die Gewährung eines Stipendiums.

Uppsala, valborgsmässoafton 1980

Dieter Lang

Einleitung

Gelegentlich kann man auch in Publikationen, die sich nicht an ein philosophisches Fachpublikum wenden, in Aufsätzen und Zeitungsartikeln auf Äußerungen stoßen, die auf die ein oder andere Weise der Überzeugung Ausdruck geben oder doch Ausdruck zu geben scheinen, daß Wertungen niemals den Status von Erkenntnissen oder Einsichten annehmen können, beides also durchaus auseinanderzuhalten sei. Zu diesen Äußerungen mag etwa, um ein Beispiel zu nennen, der Ausspruch eines Sozialwissenschaftlers gehören, den ein bekanntes Wochenblatt zitiert: „Der Kern wissenschaftlicher Forschung geht auf Erkenntnis. Damit gehen in den Aussagenzusammenhang der Wissenschaften Werturteile nicht unmittelbar ein"[1]. Manchmal werden mit der genannten Unterscheidung weitreichende und auch bizarre Folgerungen verknüpft[2] und dies mag dann mit der Beiläufigkeit kontrastieren, mit der sie bisweilen vorgetragen wird. Der Anschein des

---

1. Hans Albert in einem Interview. Zitiert nach: Claus Grossner, Reform ohne Revolution (DIE ZEIT, 20. März 1970).
2. Nach Werner Becker enthält die für die liberalen Demokratien des Westens maßgebende Staatsauffassung als erkenntnistheoretischen Kern einen „werttheoretischen Skeptizismus", demzufolge Wert- und Normentscheidungen prinzipiell irrational seien. Weil eine rationale Begründung als unmöglich gelte, habe man die Entscheidung über Handlungsnormen ins Stimmenzählen verlegt: „Man würde nicht Stimmen zählen, gäbe es Garantien für eine Erkenntnis des politisch 'Richtigen' ". Damit trete an die Stelle einer prinzipiell nicht zu leistenden Legitimation die Macht der Mehrheit. Zwar seien die Abstimmungsverfahren mit Diskussion und Argumentation verknüpft und dies lasse darauf schließen, daß auch im Liberalismus die Hoffung lebendig sei, daß das Gesamtinteresse der Gesellschaft am ehesten durch rationale Beratung getroffen werde, aber er, Becker, sei der Meinung, daß diese „Rationalitätsutopie" mehr mit der „menschlichen Psychologie" zu tun habe als mit der glaubhaften Erwartung sie je zu realisieren. – Werner Becker, Die mißverstandene Demokratie. *Neue Rundschau* 86 / 1975, S. 357-375.

Selbstverständlichen freilich, um den sich Theodor Geiger bemüht - „Dass Handlungsweisen nicht die Eigenschaften gut oder schlecht (böse) innewohnen können, weil es diese Eigenschaften als solche schlechterdings nicht gibt, versteht sich am Rande. Man sollte heute in wissenschaftlichen Zusammenhängen nicht mehr nötig haben dergleichen breitzutreten"[3] - verbirgt ein großes und wichtiges Problem, das eine eingehende Behandlung verdient.

Dieses Problem, das wir das der Kognitivität der Wertung nennen können, zu entfalten und - soweit möglich - einer Lösung zuzuführen, ist Aufgabe der vorliegenden Untersuchung.

Dabei wird zu beachten sein, daß die Artikulation dieses Problems sich nach den Voraussetzungen richtet, unter denen es zu stehen kommt. Am wenigsten vorauszusetzen und auch dem heutigen Problembewußtsein am ehesten zu entsprechen scheint diejenige Fassung, welche durch die Frage aktualisiert wird, ob Wertungen überhaupt als Akte verstanden werden können, in denen etwas aufgefaßt und bestimmt wird. Und erst, wenn dies bejaht werden kann, ist weiterhin zu fragen, ob in einem Akt der Wertung etwas so aufgefaßt werden kann, wie es wirklich ist, ob also, wenn wir Wertungen als Urteilsakte verstehen dürfen, sie am Beurteilten aufzeigen und herausstellen können, was es wirklich ist, und nicht etwa - was die geläufige Rede von Wertungen, die ja doch subjektiv seien, zu besagen scheint - ihm zusprechen, was es nicht ist und nicht sein kann. Und erst dann, wenn auch dies, also die Wahrheitsfähigkeit des wertenden Urteils, aufgezeigt werden kann, scheint die Frage aktuell zu werden, ob, wenn dieses Urteil das Richtige trifft, dies nicht nur behauptet, sondern auch eingesehen werden kann.

Äußerungen, die wie die oben genannten einer positiven Lösung unseres Problems widersprechen, lassen sich nun der ein oder anderen Artikulation zuordnen. Dabei zeigt sich, daß diejenigen von ihnen, die bereits auf die erste Fassung mit einem negativen Bescheid antworten, sieht man von bloßen Andeutungen und mehr-

3. Theodor Geiger, Vorstudien zu einer Soziologie des Rechts. Kopenhagen 1947. S. 239.

deutigen Äußerungen ab wie auch von solchen, die diesen Bescheid zwar nicht aussprechen, ihn aber zur Konsequenz haben - Humes Auslassungen zu diesem Thema, auf die bisweiligen hingewiesen wird, sind nur ein Exempel unter anderen - ausschließlich unserem Jahrhundert anzugehören scheinen. Sie sind eine internationale Erscheinung; wir können sie auf dem europäischen Kontinent, vor allem aber in Skandinavien und in der angelsächsischen Welt antreffen. Innerhalb der letzteren gilt I. A. Richards als der erste einer Reihe von Autoren, die mit der Behauptung hervortraten, daß der Ausdruck „good" zumindest im Falle eines *peculiar ethical use* keine symbolische Funktion habe: im Satz „*T h i s is good*" diene die Wortverbindung „*is good*" lediglich als „*an emotive sign expressing our attitude to t h i s , and perhaps evoking similar attitudes in other persons, or inciting them to actions of one kind or another*"[4]. Damit war der Anfang gemacht worden zu dem, was einschlägige Handbücher später als *emotive* bzw. *non-cognitive theory of ethics* verzeichnen. In Skandinavien ist hierfür die Bezeichnung „Wertnihilismus" üblich geworden[5]. Hier war es der Schwede Axel Hägerström (1868 - 1939), der bereits 1911 in seiner Antrittsvorlesung „Om moraliska föreställningars sanning" (Über die Wahrheit moralischer Vorstellungen) die These vertreten hat, daß „moralische Vorstellungen" weder wahr noch falsch seien. Seine Lehre hat, nicht zuletzt dank der Tätigkeit streitbarer Schüler,

4. C.K. Ogden and I. A. Richards, The Meaning of Meaning. London 1927[2]. S. 125. Sperrung im Text.

5. Nachdem dieser Ausdruck Anfang der dreißiger Jahre in Schweden als polemische Bezeichnung für die Moralphilosophie A. Hägerströms in Gebrauch gekommen war, sind verschiedene Versuche unternommen worden, den Bedeutungsgehalt zu fixieren und die abwertende Intention zu eliminieren. Der bekannteste dieser Versuche ist der von I. Hedenius in seinem Buch „Om rätt och moral" (1941). Demnach besteht der Wertnihilismus in der Annahme, daß bestimmte Indikativsätze, u.a. der Typen „Dies ist gut", „Dies ist schlecht", „Dies soll getan werden", keine Behauptungen über etwas ausdrücken, also weder wahr noch falsch seien. Theodor Geiger, der den Ausdruck in den deutschen Sprachraum eingeführt hat, gebraucht ihn nicht ganz einheitlich. Was er meint, läßt sich am ehesten vielleicht so ausdrücken, daß nach Geiger Wertnihilist ist, wer eingesehen hat, daß es in Wahrheit gar keine Werteigenschaften gibt.

nicht nur in Schweden nachhaltigen Einfluß ausgeübt[6] und Bernhard Rehfeldt hatte vielleicht so unrecht nicht, als er in seiner Besprechung von Theodor Geigers „Vorstudien zu einer Soziologie des Rechts" meinte, daß im „Umerziehungs-Quarantänelager Deutschland von 1947" Geigers Buch eine Unmöglichkeit gewesen sein, in Skandinavien dagegen Mut eher dazu gehöre, es sich mit jenen Schülern des „höchst radikalen Meisters" anzulegen[7], und der Schriftsteller Lars Gustafsson schrieb 1964: „*The theory that moral judgments lack descriptive status, the nihilism of values, which was given currency in Sweden as early as 1911 by the philosopher, Axel Hägerström, is still something of a core in our moral debates, a theoretical trauma which has still not ceased to have significance*"[8].

Ohne Berücksichtigung dieser Stellungnahmen und der Einwände, die — zu recht oder zu unrecht — gegen eine kognitivistische Auffassung vorgetragen wurden, dürfte sich ein Thema wie das unsere kaum befriedigend behandeln lassen. Die Auseinandersetzung allerdings wird erschwert durch das Faktum, daß manchem Autor eine ausführliche Darlegung von Argumenten offenbar überflüssig schien. Oft wurde das Thema nur beiläufig erwähnt und mit einigen wenigen Sätzen abgehandelt. Abraham Kaplan schrieb denn auch in seiner Carnapkritik, daß innerhalb des logischen Empirismus — und dieser Richtung gehören mit Carnap, Ayer und Reichenbach einige der namhaftesten Nonkognitivisten an — zu einer *theory of value judgments* nur skizzenhafte Ansätze vorliegen[9]. Demgegen-

6. Über die Person Axel Hägerströms und seinen Einfluß s. meinen Aufsatz „Axel Hägerström. Über die Wahrheit moralischer Vorstellungen" (*Perspektiven der Philosophie* 5/1979. S. 207-217). Zu berücksichtigen ist allerdings, daß dieser Aufsatz, besonders was fremdsprachige Eigennamen betrifft, eine Reihe Druckfehler enthält.

7. Bernhard Rehfeldt: Wertnihilismus? Bemerkungen zu Theodor Geiger, Vorstudien zu einer Soziologie des Rechts. *Kölner Zeitschrift für Soziologie* 6/1953 — 54. S. 276.

8. Lars Gustafsson: The Public Dialogue in Sweden. Current Issues of Social, Esthetic and Moral Debate. Stockholm 1964. S. 11.

9. Abraham Kaplan: Logical Empiricism and Value Judgments. In: The Philosophy of Rudolf Carnap. Ed. by Paul Arthur Schilpp. La Salle / Ill. 1963. S. 827.

über hat Hägerström das Thema nicht nur eingehend und, zieht man auch die – freilich zum größten Teil unpublizierten – Vorlesungen hinzu, ausführlich behandelt, sein Nachdenken weist überdies eine interessante und sachlich aufschlußreiche Entwicklung auf. Dies legt nahe, das von uns gewählte Thema in Form einer Auseinandersetzung mit dem Werk vor allem dieses Mannes zu behandeln. In diesem Rahmen können Argumente in einer Weise vorgetragen werden, daß sie auch den Einwänden anderer Autoren begegnen.

Von Hägerströms Werk ist nun vor allem das zu berücksichtigen, was er selbst publiziert hat. Es ist nur natürlich, daß jemand, der die Möglichkeit hat seine Arbeiten drucken zu lassen, auch drucken läßt, was ihm wichtig genug zu sein scheint. Gegen eine Beschränkung auf den publizierten Teil des Werkes spricht indes, daß Hägerström – und dies haben so verschiedene Autoren wie Ernst Cassirer, C. D. Broad und Anders Wedberg angemerkt – sich mitunter einer nur schwer verständlichen Ausdrucksweise bedient[10] und entscheidende Teile der Argumentation sehr knapp, fast nur andeutungsweise, zur Darstellung bringt. Deshalb ist in gewissem Umfang auch nichtveröffentlichtes Material, vor allem Handschriften zu Vorlesungen, heranzuziehen.

Berücksichtigt nun und zur Sprache gebracht wird von Hägerströms Werk, was auf irgendeine Weise zur Klärung des zentralen Problems unserer Untersuchung, des Problems der Kognitivi-

---

10. Ernst Cassirer schreibt S. 6 seiner Hägerström-Monographie: „Den Zugang zu Hägerströms Lehre mußte ich mir langsam erarbeiten, und die Form, in die Hägerström manche seiner Grundgedanken gekleidet hat, trug nicht dazu bei, diese Arbeit zu erleichtern". C.D. Broad urteilt: „*Hägerström is a difficult writer. He had steeped himself in the works of German philosophers and philosophical jurists, and his professional prose-style both in German and in Swedish had been infected by them so that it resembles glue thickened with sawdust*" (Hägerström's Account of Sense of Duty and Certain Allied Experiences. *Philosophy* XXVI/1951, S. 99) und Anders Wedberg bestätigt: Hägerströms Schriften seien „u.a. wegen der unbeholfenen, stark vom Deutschen beeinflußten Sprache" (*bl. a. på grund av det otympliga, starkt tyskinfluerade språket*) nur sehr schwer zugänglich (Stichwort „Hägerström", in: Svenska män och kvinnor. Biografisk uppslagsbok. Bd. III. Stockholm 1946. S. 588).

tät der Wertung, beiträgt. Die Zuwendung zum Werk Hägerströms erfolgt hier also nicht aus einem vornehmlich historischen, sondern — und darüber möchten auch mitunter vielleicht weitläufig anmutende Textauslegungen nicht hinwegtäuschen — aus einem Sachinteresse heraus. Die bedeutet, daß große und unter anderen Rücksichten gewiß wichtige Teile von Hägerströms „Lehre von der Moral" (*lära om moralen*), besonders was die Psychologie des Wert- und Pflichtbewußtseins betrifft, nicht aufgenommen und behandelt werden. Wer also erwartet, daß diese Lehre ihre umfassend und sei es auch nur in Umrissen zur Darstellung kommt, wird die folgenden Untersuchungen durchaus enttäuschend finden.

Zum Verzicht auf eine Gesamtdarstellung hat auch die Tatsache beigetragen, daß mit der 1973 erschienenen Dissertation „Axel Hägerströms värdeteori" von Bo Petersson eine solche bereits vorliegt. Alle Kritik an Einzelergebnissen, die an Ort und Stelle vorzutragen sein wird, darf nicht darüber hinwegtäuschen, daß Peterssons Arbeit mir überaus hilfreich gewesen ist. Dies gilt vor allem für den Versuch des Autors in Hägerströms Denken Zäsuren und Phasen auszumachen und für die Darstellung auch ungedrucktes Material auszuwerten. Angesichts der schier unübersehbaren Masse nachgelassener Vorlesungsmanuskripte und der Mühe, die eine Entzifferung mitunter abverlangt, ist jeder Hinweis auf relevante Textstücke eine nicht zu unterschätzende Hilfe.

Obwohl Hägerström zum Teil in deutscher Sprache publiziert hat und der 1929 erschienene siebte Band der von Raymund Schmidt herausgegebenen Reihe „Die Philosophie der Gegenwart in Selbstdarstellungen" einen Beitrag aus seiner Feder enthält, ist sein Werk in Deutschland so gut wie unbekannt geblieben. Sieht man von einer Bemerkung Oskar Kraus' ab, die auf den obengenannten Beitrag zurückgeht[11], haben lediglich zwei namhafte Autoren deutscher Zunge, die beide im schwedischen Exil mit der Denkrichtung der Uppsala-Schule bekannt geworden sind, über Hägerström geschrieben: Ernst Cassirer und Theodor Geiger. Ein nachhaltiger Eindruck indes läßt sich nur für Theodor Geiger konsta-

11. Oskar Kraus: Die Werttheorien. Geschichte und Kritik. Brünn, Wien, Leipzig 1937. S. 444.

tieren. Was Geiger – z. T. über die Vermittlung und in der Fassung
von Martin Fries – von Hägerström übernommen hat, ist das, was
er dessen „Erklärung für die Genesis der Werturteile" nennt[12]. Dieser zufolge komme es zu Werturteilen, wenn Gefühlspositionen
oder -inhalte, die man angesichts von Gegenständen einnehme oder
empfinde, auf dieselben übertragen werden. Im Begriff des Wertes,
den das Werturteil diesen Gegenständen zuschreibe, sei mithin etwas durchaus Subjektives, eben die Gefühlsposition oder der Gefühlsinhalt, als etwas Objektives, als eine Eigenschaft von Gegenständen, gesetzt. Von daher meint Geiger Werte als „Ausgeburten
der Phantasie" (*fantasifoster*) und „vermeintliche Wirklichkeiten
(= Illusionen)" kennzeichnen[13] und Werturteile als illegitim und
falsch erklären zu können. Da ihm das Werturteil geradezu als
Musterbeispiel des ideologischen Urteils gilt, wird man Hägerströms „Erklärung" als einen der Zuflüsse ansehen können, aus
denen Geigers Ideologielehre sich nährt.

Obwohl Berichten zufolge Hägerströms Thesen von Anfang
an auf Widerspruch gestoßen sind, so kam doch eine mehr syste-
matische Kritik, die auch in Publikationen greifbar ist, nur zö-
gernd in Gang. Ein Grund hierfür mag darin liegen, daß nicht we-
nige Kritiker eben doch geneigt waren, Hägerström in wichtigen
Stücken recht zu geben. Einer von ihnen, Axel Gyllenkrok, be-
kennt förmlich, daß er im Laufe seiner Studien sich mehr und
mehr davon habe überzeugen lassen, daß die „emotive Werttheo-

12. „Heute kann ich die Analyse weiter vortreiben und in prinzipiell
genauerer Weise durchführen. Ich danke dies dem Umstand, daß ich inzwischen
mit den Lehren des schwedischen Philosophen A x e l H ä g e r s t r ö m
(†1939) Bekanntschaft gemacht habe. Von ihm und der ihm folgenden moral-
philosophischen „Uppsala-Schule" übernehme ich die Erklärung für die
Genesis der Werturteile, weiche aber von seiner Ansicht über den epistemolo-
gischen Charakter des Werturteils ab" (Theodor Geiger: Kritische Bemerkungen
zum Begriffe der Ideologie. In: Gegenwartsprobleme der Soziologie. Alfred
Vierkandt zum 80. Geburtstag (1949). S. 144. Sperrung im Text). Im selben
Aufsatz auch ein Hinweis auf die Einleitung Martin Fries' zu Hägerströms so-
zialphilosophischen Aufsätzen.
13. Theodor Geiger: Svar til Professor Alf Ross. *Juristen* XXVIII/1946.
S. 316.

rie" einen ansehnlichen Wahrheitskern enthalte[14]. Gegen die wertnihilistische These hat nun die Kritik — beginnend mit Hans Larsson über Ernst Cassirer, Axel Gyllenkrok und Lars Gustafsson bis hin zu Dag Prawitz und Lars Bergström — die „Logizität" der Wertungen (bzw. der Wertungssätze) angeführt, daß diese also in logischen Relationen, in Verhältnissen des Widerspruchs und der Konsequenz stehen, daß für sie gute Gründe vorgebracht werden können und es möglich ist für und gegen sie zu argumentieren[15]. Nun hat Hägerström diese „Logizität" keineswegs unberücksichtigt gelassen. Im Aufsatz „Kritiska punkter i värdepsykologien" (1910) hat er sie als den „logischen Halt", der Wertungen zu eigen sei, besprochen und als ein wichtiges Argument gegen die Auffassung geltend gemacht, daß solche Wertungen bare Gefühlsakte seien[16]. Äußerungen in Vorlesungen, die Hägerström dann 1912/13 gehalten hat, lassen vermuten, daß ihm die Vereinbarkeit der These vom „logischen Halt" mit der, daß moralische Vorstellungen weder wahr noch falsch seien, zum Problem geworden ist. Die Theorie der „sekundären Wertung", die Hägerström in Zusammenhang damit vorlegt, läßt sich u.a. als Antwort auf diese Schwierigkeit verstehen. Die Kritik hat von dieser Entwicklung, die freilich nur andeutungsweise und in unpublizierten Handschriften greifbar ist, keine Notiz genommen.

14. Axel Gyllenkrok: Systematisk teologi och vetenskaplig metod med särskild hänsyn till etiken (1959), S. 3. — Gyllenkrok mag für die stattliche Reihe von Theologen stehen, die sich an Hägerström geärgert haben und gegen ihn anschrieben.

15. Hans Larsson: Om moraliska föreställningars sanning. Till professor Hägerströms installationsföreläsning. In: Filosofien och politiken. Stockholm 1915. S. 73-88. — Ernst Cassirer: Axel Hägerström. Eine Studie zur schwedischen Philosophie der Gegenwart. Göteborg 1939. — Axel Gyllenkrok. s. o. Anm. 14. — Lars Gustafsson: Kritik av värdenihilismen (1969). Unter dem Titel „Om värdeteori" wieder in: Filosofier. Stockholm 1979. S. 170-185. — Dag Prawitz: Om moraliska och logiska satsers sanning. In: En filosofibok tillägnad Anders Wedberg. Stockholm 1978. S. 144-155. — Lars Bergström: Värdenihilism och argumentation i värdefrågor. *Filosofisk tidskrift* 1/1980. S. 35-56.

16. In: Festkrift tillägnad E.O. Burman på hans 65-års dag. Uppsala 1910. S. 16-75.

Die Darstellung der Problemlage, auf die Hägerströms Wertnihilismus antwortet, habe ich dem Beispiel Anders Wedbergs folgend mit einem Hinweis auf David Hume eingeleitet[17]. Hägerström
nämlich ist der Denktradition, die in Hume ihren einflußreichsten
Vertreter gefunden hat, auf vielfältige Weise verbunden und sei es,
daß er die eigene Position auf dem Wege einer Kritik von Gedanken
gewonnen hat, die zum Bestand dieser Tradition gehören. Auch
verbindet ein militanter Antimetaphysizismus, der wie ein roter
Faden die Geschichte des Wertnihilismus bzw. der *non-cognitive
theory* durchzieht und bei nicht wenigen Vertretern, nicht zuletzt bei Hägerström selbst, geradezu pathetischen Ausdruck gewonnen hat. Humes Äußerungen zum Thema ergeben indes durchaus kein einheitliches Bild. Ich habe es vorgezogen, diejenigen von
ihnen, in denen zum Ausdruck kommt, was dann für Hägerström
relevant wird, einfach nebeneinanderzustellen und nach Möglichkeit Hume selbst dabei zu Wort kommen zu lassen.

Die vorliegenden Untersuchungen schließen mit einem Versuch zur Bestimmung des Guten. Daß dieser Versuch keinen Hinweis auf andere Autoren enthält, möchte nicht als Anspruch auf
Originalität gedeutet werden. Wer die Geschichte des Problems auch
nur einigermaßen kennt, wird hier auch ohne ausdrücklichen Hinweis ein ganzes Geflecht von Anklängen und Beziehungen ausmachen können. Wenn überhaupt, so wird der Zugang, der hier er-
probt wurde, ein originelles Moment enthalten. So sehr es ein Wag-
nis ist, sich auf einem derart umstrittenen Feld zu versuchen, die
Vollständigkeit der Untersuchung, mehr aber noch die Bedeutsam-
keit dessen, worum es hier geht, erfordern, daß zumindest ein Versuch gemacht wird: an non ridiculum est in rebus minimis omne
studium ponere et obnixe contendere, quo quam diligentissime et
sincerissime peragantur: in maximis autem levem operam satis esse
putare?[18]

17. Anders Wedberg: Filosofins historia. Från Bolzano till Wittgenstein.
Stockholm 1966. S. 378 ff.
18. Plato, De republica. 504 D 9 – E 3.

Die Kritik des Wertsubjektivismus

David Hume griff im „Treatise" die in der damaligen englischen Moralphilosophie lebhaft erörterte Frage auf, ob die *„judgments, by which we distinguish moral good and evil"* und in denen wir *„pronounce an action blameable or praise-worthy"*, der Vernunft *(reason)* oder dem Gefühl *(feeling, sentiment)* zuzurechnen seien[19]. Die Antwort fiel wie bekannt zugunsten des Gefühls aus: die fraglichen Unterscheidungen seien nicht *„the offspring of reason"*[20] und moralische Qualitäten werden *„more properly felt than judg'd of"*[21]. *„We do not infer a character to be virtuous, because it pleases: But in feeling that it pleases after such a particular manner, we in effect feel that it is virtuous"*, wie Hume für seinen Teil die Diskussion abschließt.[22]

Zugunsten dieser Entscheidung wird angeführt, daß moralische Beurteilungen *„excite passions, and produce or prevent actions"*[23]. Die Vernunft aber sei *„perfectly inert"* und *„wholly inactive"*[24]. Außerdem lasse sich das moralische Urteil keiner der beiden Gruppen der *„operations of human understanding"* zuwei-

19. A Treatise of Human Nature. Ed. by L.A. Selby-Bigge (1888). S. 456.

20. ebd. S. 458

21. ebd. S. 470

22. ebd. S. 471. — *„But after every circumstance, every relation is known, the understanding has no further room to operate, nor any object on which it could employ itself. The approbation or blame which then ensues, cannot be the work of the judgement, but of the heart; and is not a speculative proposition or affirmation, but an active feeling or sentiment"* (An Enquiry Concerning the Principles of Morals. Ed. by L.A. Selby-Bigge. 1902. S. 290).

23. Treatise S. 457

24. ebd. S. 458. Hume macht indes eine wichtige Einschränkung: Vernunft *„can have an influence on our conduct only after two ways: Either when it exites a passion by informing us of the existence of something which is a proper object of it; or when it discovers the connexion of causes and effects, so as to afford us means of exerting any passion"* (ebd. S. 459). Es wäre eine Untersuchung wert, ob Hume nicht schon mit dieser Einschränkung seiner eigenen Argumentation den Boden entzogen hat.

sen, die Hume kennt, es handle sich hier weder um ein „*comparing of ideas*" noch um ein „*inferring of matter of fact*"[25]. Die ideenvergleichende Vernunft habe es ausschließlich mit Relationen zu tun und zwar mit solchen, die auch für vernunftlose Lebewesen und unbelebte Dinge gelten, während moralische Qualitäten nur Menschen zukommen können. Tugenden und Laster seien aber auch keine „*matters of fact, whose existence we can infer by reason*". Dies legt Hume in den später oft zitierten Sätzen dar: „*Take any action allow'd to be vicious: Wilful murder, for instance. Examine it in all lights, and see if you can find that matter of fact, or real existence, which you call v i c e. In which-ever way you take it, you find only certain passions, motives, volitions and thoughts. There is no other matter of fact in the case*"[26].

Da Hume „*the knowledge of truth and falsehood*" der Vernunft zuweist und diese vom Geschmack (*taste*) abgrenzt, der uns „*the sentiment of beauty and deformity, vice and virtue*" zuteil werden lasse[27], liegt die Annahme nahe, daß moralische Wertungen weder als wahr noch als falsch qualifizierbar sind. Hume ist indes nicht diesen Weg gegangen[28]. Eine Reihe von Äußerungen deutet vielmehr darauf hin, daß er in den Entscheidungen des *moral sense* urteilende oder urteilsähnliche Akte sieht, die Handlungen und Charakteren bestimmte Qualitäten zuweisen[29].

25. ebd. S. 463
26. ebd. S. 468. Sperrung im Text.
27. Enquiry S. 294.
28. I. Hedenius (Studies in Hume's Ethics. S. 414 f.) u.a. haben darauf hingewiesen, daß gewisse Äußerungen Humes eine Auffassung erkennen lassen, die die These des späteren Wertnihilismus, nämlich daß moralische Beurteilungen weder wahr noch falsch seien, zur Konsequenz habe, so z.B. im „Treatise": „*Truth or falshood consists in an agreement or disagreement either to the r e a l relations of ideas, or to r e a l existence and matter of fact. Whatever, therefore, is not susceptible of this agreement or disagreement, is incapable of being true or false, ... Now 'tis evident our passions, volitions, and actions, are not susceptible of any such agreement or disagreement; .... 'Tis impossible, therefore, they can be pronounced either true or false, ...*" (S. 458, Sperrung im Text).
29. „*Vice and virtue, therefore, may be compar'd to sounds, colours,*

Die Definition der Tugend als „*a quality of the mind agreeable to or approved of by every one who considers or contemplates it*"[30] zeigt eine weitere Schwierigkeit: das moralisch wertende Bewußtsein muß dann nicht nur, um mit Ingemar Hedenius zu sprechen, als „*pleasurable consciousness of an object*' verstanden werden, sondern auch als „*consciousness that an object is the object of pleasurable consciousness*"[31] und nichts deutet darauf hin, daß Hume der Schwierigkeit, wie beide Bestimmungen zu vereinigen seien, inne geworden wäre.

Indes, läßt sich der Begriff der Tugend in der Tat mit dem Begriff dessen identifizieren, was bei der Betrachtung gefällt und gebilligt wird, so hat man damit auch, wie es scheint, das Anstößige beseitigt, das jener Begriff für ein Bewußtsein haben muß, das durchaus keine *ideas* gelten lassen will, die nicht auf *impressions* zurückgeführt werden können, und es wird möglich — „*without looking for any incomprehensible relations and qualities, which never did exist in nature, nor even in our imagination, by any clear and distinct conception*"[32] — Ethik als empirische Tatsachenwissenschaft aufzubauen und der Forderung Genüge zu tun, die Hume in der Einleitung zum „Enquiry" aufstellt: nachdem

heat and cold, which, according to modern philosophy, are not qualities in objects, but perceptions in the mind" (ebd. S. 469). Vgl. damit Enquiry S. 294: Der Geschmack habe „a productive faculty, and gilding or staining all natural objects with the colours, borrowed from internal sentiment, raises in a manner a new creation".

30. Enquiry S. 261, Sperrung im Text. Vgl. auch: „*The hypothesis which we embrace is plain. It maintains that morality is determined by sentiment. It defines virtue to be whatever mental action or quality gives to a spectator the pleasing sentiment of approbation; and vice the contrary*" (ebd. S. 289. Sperrung im Text).

31. Studies in Hume's Ethics, S. 414. — „*On the one hand the apprehension of an object as good is to Hume nothing but a pleasurable consciousness of the object in question. On the other hand he holds that there is an objective meaning in the statement that an object is good, and this objective meaning is that it is a fact that the object in question is the object or the cause of a pleasurable consciousness*" (ebd. S. 413).

32. Treatise S. 476.

jetzt die Leute von ihrer Leidenschaft für Hypothesen und Systeme auf dem Gebiet der *natural philosophy* geheilt seien und auf keine anderen Argumente hören wollen als auf solche, die der Erfahrung entstammen, sei es „*full time they should attempt a like reformation in all moral disquisitions; and reject every system of ethics, however subtle or ingenious, which is not founded on fact and observation*"[33].

Die Kritik der Ansicht, daß gut sein dasselbe sei wie erstrebt zu werden oder beim Betrachten zu gefallen, mithin also „sich ein Gegenstand als wirklich gut oder schlecht bestimmen läßt, je nachdem ob die Idee von seiner Wirklichkeit in den Menschen überhaupt ein Gefühl des Gefallens oder Mißfallens, bzw. des Verlangens oder des Abscheus erweckt"[34], ist ein ständig wiederkehrendes Thema in Hägerströms Arbeiten, angefangen von der *Psyke*-Rezension von 1907/08[35] bis zu dem fast dreißig Jahre später geschriebenen Aufsatz „Om primitiva rudimenter i modernt föreställningssätt"[36]. Ließe sich Gutsein in dieser Weise definieren, bestünde es also in einem bestimmten Verhältnis zum fühlenden und begehrenden Subjekt, argumentiert Hägerström, würden Werturteile lediglich psychologische Fakten konstatieren. Bei Wertungen aber handle es sich niemals lediglich um ein Feststellen von Tatsachen, sondern immer oder immer auch um ein Stellungnehmen, um ein Billigen oder Mißbilligen, und dies schließe stets ein emotionales oder volitives Element mit ein. Meinong, von Ehrenfels und andere Vertre-

33. Enquiry S. 175.
34. Axel Hägerström: Selbstdarstellung (s. o. S. 4) S. 153.
35. 1907 und 1908 hat Hägerström in der Zeitschrift *Psyke* unter dem Titel „I moralpsykologiska frågor" die 1907 erschienene Abhandlung „Gut und Böse. Zur Psychologie der Moralgefühle" des Norwegers Kristian Birch-Reichenwald Aars besprochen (S. 273-287 bzw. 85-99) und dabei im Anschluß an einen Hinweis auf das ebenfalls 1907 mit dem ersten Band erschienene Werk „Ursprung und Entwickelung der Moralbegriffe" von Eduard Westermarck die erwähnte Kritik vorgetragen.
36. Hägerström sieht die kritisierte Position in der These Westermarcks, daß das Prädikat des sittlichen Urteils dem Gegenstand die Eignung zuerkenne ein Gefühl zu erwecken (s. Ursprung und Entwickelung der Moralbegriffe, Bd. I, S. 2), zum Ausdruck gebracht und auch in der von Alexius Meinong inaugurierten „modernen Wertpsychologie" vertreten.

ter der „modernen sog. Wertpsychologie"[37] seien einem „unbe-
wußten Sophismus" (*omedveten sofism*) — Hägerström spricht auch
von einer Begriffsverwirrung[38] bzw. von einer Verwechslung[39] —
zum Opfer gefallen: nachdem man die ursprüngliche Werterfahrung
als ein Gefühl oder als ein Verlangen bestimmt und den Wertcharakter dementsprechend als etwas gefaßt habe, dessen man in
derartigen Akten gewahr werde, sei man unversehens zu dem ganz
anderen Gedanken fortgeglitten, daß der Wert eines Gegenstands
darin bestehe, daß dieser Objekt eines Gefühls oder Verlangens sei
oder sein könne[40].

In England haben die Anschauungen Humes während des
19. Jahrhunderts eine stabile Tradition ausbilden können. Die sub-
jektivistische Interpretation ethischer Grundbegriffe bot, wie etwa
am Beispiel des Utilitarismus eines J. St. Mill zu sehen ist, ein ge-
eignetes Mittel um Ethik auf Psychologie zu reduzieren und auf
diese Weise dem Kanon der Tatsachenwissenschaften einzufügen.
Diese Verfahrensweise wurde zwar niemals völlig ohne Widerspruch hingenommen[41], ein Durchbruch indes ist erst G. E. Moore
gelungen[42]. Manchen Leuten falle es offensichtlich sehr schwer
zu sehen, sagt Moore, was mit den Worten „recht" und „unrecht"
denn gemeint sein könne, wenn nicht dies, daß jemand Handlungen
gegenüber ein bestimmtes Gefühl (*feeling*) hege oder eine bestimmte Einstellung (*attitude*) einnehme. Dennoch sei es grundverkehrt

37. Selbstdarstellung S. 153.
38. ebd.
39. Om primitiva rudimenter i modernt föreställningssätt (1935/36). Zitiert nach: Socialfilosofiska uppsatser. 2. Aufl. Stockholm 1966. S. 124.
40. Kritiska punkter i värdepsykologien, a.a.O. S 70f. Vgl. auch das
Resumé S. 153 der Selbstdarstellung.
41. In der Tat hat auch dieser Widerspruch in der englischen Philosophie
eine Tradition, die von Cudworth über Price bis Whately und Sidgwick reicht
und in wesentlichen Stücken Moores Argumentation vorwegnimmt, s. dazu
etwa Arthur N. Prior, Logic and the Basis of Ethics (Oxford 1949).
42. Principia ethica 1903, Ethics 1912. — Den Einfluß Moores bezeugt
Stevenson, wenn er schreibt: „*Almost all of those who now emphasize the
emotive aspects of ethics (including the present writer) have at one time been
greatly under Moore's influence. It is not easy to believe that this is an acci-
dent*" (Ethics and Language. New Haven und London 1946[2]. S. 272).

zu meinen, daß „*whenever we assert that an action or class of actions ist right or wrong, we must be merely making an assertion about somebody's f e e l i n g s towards the action or class of actions in question*"[43]. Moore geht daraufhin die verschiedenen Formen durch, in denen diese irrige Ansicht auftreten könne und bringt eine Reihe von Argumenten vor. Was diejenige Variante betreffe, die noch am ehesten plausibel zu sein scheine und der zufolge es sich um eine Behauptung über das e i g e n e Gefühl und die e i g e n e Einstellung handle, so führe dies zu ganz ungereimten Konsequenzen. Falls nämlich, „*when one man says, "This action is right," and another answers, "No, it is not right," each of them ist always merely making an assertion about h i s o w n feelings, it plainly follows that there is never really any difference of opinion between them: the one of them is never really contradicting what the other is asserting*". Beide widersprechen einander ebensowenig wie, wenn der eine sage „Ich mag Zucker", der andere entgegne „Ich mag keinen Zucker"[44].

Für Hägerström wie für alle, die sich auf die ein oder andere Weise von Moores Argumenten überzeugen ließen, sich aber aus einer antimetaphysischen Einstellung heraus oder aus anderen Gründen verhindert sahen, dessen Lösung, nämlich daß *goodness* eine *undefinable non-natural quality* sei, zu akzeptieren, stellte sich damit die Frage, wie denn der Akt des Wertens bzw., dem inzwischen aufgekommenen *linguistic approach* entsprechend, wie die Worte und Sätze, die ihn zum Ausdruck bringen, zu verstehen seien.

---

43. Ethics S. 87. Sperrung im Text.
44. ebd. S. 100f. Sperrung im Text.

These und Argumentation
der Antrittsvorlesung (1911)

Die These, daß moralische Wertungen weder wahr noch falsch seien, findet sich zum ersten Mal 1911 in der berühmten Antrittsvorlesung „Om moraliska föreställningars sanning" (Über die Wahrheit moralischer Vorstellungen).

Zum Problem, das diese These zu lösen sucht, führen eine Reihe von Überlegungen, die Hägerström im einleitenden Teil der Vorlesung vorträgt. Er beginnt mit dem Hinweis auf das, was er den „Wechsel im Inhalt der moralischen Werte" (*skiftningar i de moraliska värdenas innehåll*)[45] nennt, und erinnert an das bekannte Faktum, daß die „moralischen Anschauungsweisen" (*moraliska åskådningssätt*)[46] verschiedener Völker und Epochen, aber auch innerhalb derselben Gesellschaft und im Innern desselben Individuums voneinander abweichen und in Widerstreit geraten können. Angesichts derartiger „Gegensätze in den moralischen Wertungen" (*motsättningar i de moraliska värderingarna*)[47] dränge sich uns nun die Frage auf, welche Wertung denn die rechte sei und was uns als „Maß für die Beurteilung der Richtigkeit moralischer Anschauungen" (*mått för bedömandet av moraliska åskådningars riktighet*)[48] dienen könne. Die kritische Musterung einer Reihe gängiger Ansichten zeige aber, daß keine von ihnen einen gültigen Maßstab enthalte. Es gelinge nicht, den präsentierten Maßstab eindeutig zu bestimmen, die betreffenden Vorschläge bleiben naheliegenden Einwänden offen, sie enthalten Wirklichkeitsannahmen, die nicht zutreffen, oder setzen logisch einen Zirkel voraus[49]. Was hier als

45. Om moraliska föreställningars sanning (1911). Wieder in: Socialfilosofiska uppsatser. Hrsg. von Martin Fries. Zweite Auflage. Stockholm 1966. S. 35.

46. ebd. S. 36.

47. ebd. S. 37.

48. ebd. S. 40.

49. Hägerström unterscheidet zwei Arten gängiger Maßstäbe: Entwicklungsmaßstäbe und „unsinnliche Wirklichkeiten". Unter „Entwicklung" verstehe man „einen Fortgang zur Verwirklichung eines objektiven, in der Sache selbst liegenden Ziels" oder bloß „das fortgesetzte Sichan-

Maßstab geltend gemacht werde, genüge somit nicht den allgemeinen Bedingungen, um als Maß und Kriterium eine Prüfung fraglicher Ansichten und ggf. auch Einsicht in ihre Wahrheit möglich zu machen. Das Scheitern der Bemühungen um einen gültigen Maßstab nimmt nun Hägerström offenbar zum Anlaß, die Voraussetzung dieser Versuche einer Revision zu unterziehen. Die Frage, welche der einander widerstreitenden moralischen Vorstellungen denn die richtige sei, aber entspringt einem kognitivistischen Verständnis, dem zufolge Wertungen wahr oder falsch sein und ein Wissen spezifischer Art enthalten können. Es gelte zu prüfen, ob diese Voraussetzung auch wirklich zutrifft. Deshalb sei zu untersuchen, „ob es richtig ist, bei moralischen Vorstellungen nach

passen nach den Bedingungen des Lebens". Sage man, von zwei widerstreitenden Wertungen sei diejenige vorzuziehen, welche eine höhere Stufe in der Entwicklung des moralischen Bewußtseins vertrete, so habe man damit nur dann einen eindeutigen Maßstab angegeben, wenn man auch bestimmen könne, worin das moralische Ziel des Menschen bestehe. Sehe man andererseits diejenige Wertung als die richtige an, welche eher als die andere den Bestand des Einzelnen und der Gesellschaft gewährleiste, also zum Überleben disponiere, so setze dies voraus, daß man das „bloße Leben", d.i. die nackte Existenz, zum höchsten Wertprinzip erhoben habe. Diese Ansicht sei aber zu umstritten, um als Basis für Einsichten dienen zu können. Überdies werde hier, wie in jeder zureichend eindeutigen Bestimmung des Entwicklungskriteriums, eine bestimmte Wertung bereits als richtig vorausgesetzt und damit etwas, was erst noch ermittelt und anhand des Maßstabs ausgewiesen werden soll. Setze man dagegen eine „unsinnliche Wirklichkeit" als Maßstab und beurteile dementsprechend moralische Wertungen deswegen als richtig, weil man annehme, daß sie den Forderungen etwa eines „absoluten oder übernatürlichen Willens in uns" entsprechen, so habe man zur Bestimmung des Maßstabs einen Begriff gebraucht, dessen Inhalt sich anhand natürlicher Gegebenheiten nicht festlegen lasse, also letztlich einen in sich widersprüchigen Begriff, dem im Bereich des Wirklichen nichts entsprechen könne. Auch führe das Prinzip, daß „ein Jeder niemals bloß als Mittel, sondern stets zugleich als Zweck behandelt werden" solle, in der Anwendung zu Widersprüchen und sei deshalb als Beurteilungsgrundlage unbrauchbar. – Die vorliegende Deutung von Hägerströms Argumentation (S. 37-41 der Antrittsvorlesung) stützt sich im wesentlichen auf die eingehende Untersuchung, die Bo Petersson unter dem Titel „Måttstocksresonemagnet" S. 106-112 der Abhandlung „Axel Hägerströms värdeteori" vorgelegt hat.

Wahrheit oder Falschheit zu fragen" (*om det är riktigt att fråga efter sanning eller falskhet hos moraliska föreställningar*)[50].

Das Ergebnis, zu dem Hägerström gelangt, nämlich daß „die moralische Vorstellung als solche ... weder wahr noch falsch genannt werden kann" (*den moraliska föreställningen såsom sådan ... varken kan sägas vara sann eller falsk*)[51], führt zu Konse-

---

50. Om moraliska föreställningars sanning, a.a.O. S. 41.

51. ebd. S. 52. — Ernst Cassirer hat in der Monographie „Axel Hägerström. Eine Studie zur schwedischen Philosophie der Gegenwart" (Göteborg 1939) behauptet, Hägerström habe „im Gebiet der moralischen Ideen einen völligen R e l a t i v i s m u s zum Grundprinzip erhoben" (S. 57. Sperrung im Text). Die grundlegende These seiner Moralphilosophie sei „die These von der Aequivalenz a l l e r Bewertungen und Stellungnahmen" (S. 73. Sperrung im Text) und seinen „moralischen Relativismus" habe er „nirgends so klar, so scharf und so unumwunden ausgesprochen, wie in seiner Antrittsvorlesung" (S. 80). Er, Cassirer, könne deshalb hier „keinen prinzipiellen Unterschied zwischen Hägerströms Anschauung und der Grundauffassung der antiken Sophistik erkennen" (S. 58). — Cassirers Anmerkungen beruhen auf einem Mißverständnis und sind nicht unwidersprochen geblieben. Der moralische Relativismus, den Hägerström angeblich vertritt, gibt den Gedanken der Gültigkeit moralischer Wertungen keineswegs auf, er schränkt sie nur ein. Der Relativist bleibt nicht bei der Feststellung der — im übrigen kaum kontroversen, um nicht zu sagen trivialen — Tatsache stehen, daß die Dinge faktisch eben verschieden gewertet werden. Er vertritt vielmehr eine Theorie moralischer Wertungen, in der er diese in bestimmten Grenzen für gültig erklärt, ihr also Wahrheit zuspricht oder sie wertet. Hägerström zufolge aber kann keiner Wertung Erkenntnischarakter zukommen, auch nicht einer solchen, die selbst Wertungen zum Gegenstand hat. Der Standpunkt des moralischen Relativismus ist mit dem Hägerströms also nicht nur nicht identisch, sondern auch völlig unvereinbar . Cassirer hat also den Sinn gerade der zentralen These von Hägerströms Antrittsvorlesung verfehlt. Der Hinweis auf den Widerstreit in den moralischen Vorstellungen und die Beispiele, die Hägerström anführt, sollen nur zum Problem hinführen, nicht aber, wie Cassirer behauptet, die These stützen, die nach Hägerström die Lösung enthält. Bereits Hans Larsson hat auf ihre ganz untergeordnete Bedeutung hingewiesen (Om moraliska föreställningars sanning (1915), s. Anm. 15. Hägerström selbst hat in der Antrittsvorlesung ausdrücklich angemerkt, daß auch dann, wenn alle Vernunftwesen einheitlich werten würden, seine Thesen ihre Gültigkeit behielten. — Zur Kritik von Cassirers Hägerström-Auffassung vgl. Ingemar Hedenius: Über den alogischen Charakter der sog. Werturteile. Bemerkungen zu Ernst Cassirer „Axel

quenzen, wenn es gilt, die Aufgabe der Moralphilosophie als Wissenschaft zu bestimmen, und die anzuzeigen der programmatischen Antrittsvorlesung anläßlich der Berufung auf einen Lehrstuhl für Praktische Philosophie zufällt. Da die Wissenschaft lediglich „darzulegen habe, was wahr ist" (*har att framställa, vad som är sant*)[52], könne keine Wissenschaft sagen, wie wir handeln sollen, und die Moralphilosophie habe wie jede Wissenschaft ihren Ort „jenseits von Gut und Böse" (*på andra sidan om gott och ont*)[53]. Moralphilosophie als Wissenschaft sei „einzig und allein eine Wissenschaft von den faktischen moralischen Wertungen"[54] und zwar ohne selbst auf irgendeine Weise wertend Stellung zu nehmen: sie sei keine „Lehre der Moral" (*lära i moral*), sondern bloß eine „Lehre von der Moral" (*lära om moralen*)[55].

Ein jeder Versuch, den von Hägerström behaupteten nonkognitiven Charakter moralischer Wertungen nachzuweisen, wird ausdrücklich oder implizit Bedingungen geltend machen, denen psychische Akte genügen müssen, um als wahr oder falsch qualifizierbar zu sein. Dann kann ggf. gezeigt werden, daß moralische Vorstellungen diese Bedingungen nicht erfüllen.

Nach Hägerström nun ist eine Vorstellung nur unter der Voraussetzung als wahr oder als falsch beurteilbar, wenn sie

Hägerström. Eine Studie zur schwedischen Philosophie der Gegenwart".
Theoria V/1939. S. 314-329.

52. Om moraliska föreställningars sanning, S. 55.

53. ebd. S. 56.

54. Die programmatische Bestimmung der Aufgabe, die Hägerström in seiner Antrittsvorlesung der Moralphilosophie zugewiesen hat, lautet vollständig: „Die Moralphilosophie als Wissenschaft ist einzig und allein eine Wissenschaft von den faktischen moralischen Wertungen in ihrem historischen Wuchs gestützt auf psychologische Analyse und geführt von kritisch philosophischem Eindringen in hier wirksame Ideen" (*Moralfilosofien såsom vetenskap är endast och allenast en vetenskap om de faktiska moraliska värderingarna i deras historiska växt, stödd på en psykologisk analys och ledd av kritiskt filosofiskt inträngande i här verksamma idé*

55. ebd. S. 57. – Mit der Übersetzung der Ausdrücke *"lära i moral"* und „*lära om moralen*" folge ich einem Vorschlag von Prof. Konrad Marc-Wogau.

selbst das, was in ihr gegenwärtig ist und ihren Inhalt ausmacht, als wahr präsentiert, also einen Anspruch auf Wahrheit enthält. Wenn Hägerström hier von Wahrheit spricht, so meint er damit nicht, wie etwa im Titel der Antrittsvorlesung, etwas, was nur bestimmten psychischen Akten zugeschrieben werden kann, er gebraucht den Ausdruck vielmehr in seiner ursprünglichen und auch in der alltäglichen Rede lebendigen Bedeutung. Dieser entsprechend ist der im Bewußtsein gegenwärtige Sachverhalt dann wahr, wenn er nicht etwa bloß als wirklich gilt ohne es zu sein, sondern wirklich wirklich ist. Jede Behauptung, „daß etwas wirklich sich so oder so verhält" (att något verkligen förhåller sig så eller så)[56] enthält also einen Anspruch auf Wahrheit und dieser ist gleichbedeutend mit einem Anspruch auf Objektivität.[57]

Hägerström sucht nun zu zeigen, daß die moralischen Vorstellungen „an und für sich betrachtet" (i och för sig betraktade)[58] kein „Bewußtsein von Objektivität" (medvetande om objektivitet)[59] und damit auch keinen Anspruch auf Wahrheit enthalten. Um dies zeigen zu können, ist es nötig, den allgemeinen Charakter moralischer Vorstellungen näher zu bestimmen. Zu diesem Zweck verweist Hägerström auf die Situation, in der Vorstellungen dieser Art sich einstellen, und zwar sei dies, wie er mit ausdrücklichem Hinweis auf Kant darlegt, die Situation der praktischen Überlegung. Etwas, die Ausführung oder Unterlassung einer Handlung, stelle sich uns nämlich nur dann als

56. ebd. S. 48.
57. Das Verständnis von Wahrheit im Sinne von Wirklichkeit zeigt sich in Wendungen wie: „sofern wir meinen, daß etwas wirklich sich so oder so verhält, daß Wahrheit vorliegt" (såvitt vi mena, att något verkligen förhåller sig så eller så, att sanning föreligger — ebd. S. 48). Beide Begriffe von Wahrheit aufeinander beziehend kann Hägerström sagen, daß es sinnlos sei, nach der Wahrheit moralischer Vorstellungen zu fragen, wenn diese „durchaus nicht etwas als wahr vorstellten, durchaus nicht irgendetwas über dies oder das als wirklich sich so oder so verhaltend aussagten" (ej alls framställde något såsom sant, ej alls utsade något som helst om det eller det såsom verkligen förhållande sig så eller så — ebd. S. 41f.).
58. ebd. S. 41.
59. ebd. S. 47.

Pflicht dar, „sofern wir handeln oder im Begriff stehen zu handeln" (*såvitt vi handla eller stå i begrepp att handla*)[59]. Diese
Bindung des moralischen Pflichtbewußtseins an eine besondere
Situation, an die Situation des Handelns und der praktischen Er-
wägung, lasse nun darauf schließen, daß sich uns etwas nur dann
als das moralisch Rechte zeige, wenn wir an ihm interessiert
sind, also ihm gegenüber emotional und damit subjektiv Stellung
bezogen haben. Es gebe kein Sollen für uns, solange wir „bloß be-
trachtend" (*blott betraktande*)[60], „lediglich kalt beobachtend"
(*blott kallt iakttagande*)[61] uns selbst und unseren Handlungen
gegenüberstehen. Dann lassen sich „lediglich faktische Verhältnisse
feststellen" (*blott faktiska förhållanden konstateras*)[62]. Nur dann,
wenn wir die Haltung des „gleichgültigen Zuschauers" (*likgiltig
åskådare*) aufgeben, könne sich uns eine bestimmte Weise zu handeln als etwas zeigen, was wir ausführen sollen, oder, in der Sprache Hägerströms, nur dann könne dies, daß wir auf eine bestimmte
Weise handeln sollen, „einen sehr bestimmten Sinn" (*en mycket
bestämd mening*) für uns gewinnen[63].

60. ebd. S. 48.
61. ebd. S. 47.
62. ebd. S. 48.
63. „Daß etwas besser sein sollte als etwas anderes, wird für den gleichgültigen Zuschauer sinnlos. Für ihn ist nichts besser oder schlechter. Aber drehen
wir die Situation um! Wir stehen in Begriff zu handeln und verschiedene Moti-
ve machen sich geltend. Jetzt bekommt dies, daß wir auf eine bestimmte Weise
handeln sollen, sogleich einen sehr bestimmten Sinn für uns" (ebd.). Gemeint
ist, daß das Bewußtsein der Pflicht an eine bestimmte Situation gebunden ist
und nicht, wie Jan Andersson und Mats Furberg behaupten, daß gewisse sprachliche Ausdrücke, Wertworte, für den Handelnden, nicht aber für den unbeteiligten Zuschauer, „Bedeutung" — gemeint ist wohl: die Bedeutung von Namen — besitzen. Da Hägerström zugleich sich der These von der „Hegemonie
des Betrachters" verschworen habe, also der Auffassung sei, daß sprachlichen Äußerungen nur dann wirklich Bedeutung zukomme, wenn diese auch
dem unbeteiligten Zuschauer zugänglich sei, komme er zu dem Ergebnis, daß
Wertworte nicht die Bedeutung von Namen haben, sondern bloß Gefühlsausdrücke seien (Moral. En bok om ord, känsla och handling. 1971. S. 193f.).
Diese Deutung dessen, was Andersson/Furberg ausdrücklich als den Kern von
Hägerströms Moralphilosophie präsentieren, kann als Beispiel einer ahistori-

Nun argumentiert Hägerström so: Wenn wir meinen, daß etwas wirklich sich so oder so verhält, und Anspruch auf Wahrheit erheben, tun wir dies, „ohne Rücksicht auf unsere subjektive Einstellung zur Sache, auf unsere Gefühle oder Interessen ihr gegenüber" (*utan hänsyn till vår subjektiva ställning till saken, vara känslor eller intressen visavi densamma*)[64]. Da aber moralische Wertungen ohne derartige Rücksichten nicht vollzogen werden können, enthalten sie keinen Wahrheitsanspruch und seien mithin weder wahr noch falsch.

Diese in den knappen Worten der Antrittsvorlesung vorgetragene Argumentation bereitet der Interpretation nicht geringe Schwierigkeiten.

Angesichts dessen, was hier als die erste Prämisse erscheint, liegt der Einwand nahe, daß gewisse Behauptungen die Berücksichtigung der eigenen subjektiven Einstellung zu der Sache, von der etwas behauptet wird, voraussetzen. Wenn wir etwa von einem Ereignis sagen, daß wir uns darüber freuen, können wir nicht behaupten und wirklich glauben, was wir sagen, ohne wirklich Freude zu empfinden. Hier zeigt sich also ein Zusammenhang zwischen Behauptungen und emotionalen Stellungsnahmen, der, wie es scheint, in Hägerströms Prämisse übersehen wurde.

Die zweite Prämisse stellt Auslegung und Kritik deshalb vor Schwierigkeiten, weil sie zu unvermittelt vorgetragen wird. Sie setzt zwar den Gedanken voraus, daß moralische Wertungen ohne Interesse und emotionale Stellungnahmen nicht vollzogen werden können, ist aber keineswegs auch dessen unmittelbare logische Konsequenz. Die Bindung an eine bestimmte subjektive Position muß nicht bedeuten, daß diese auch reflektiert wird, und die zu knappen Angaben der Antrittsvorlesung erlauben nicht, den Zusammenhang, den Hägerström offenbar im Auge hat, nachzuzeichnen.

Wenn wir nicht bereits aufgrund der Aussagen der Antrittsvorlesung Hägerströms Argumentation ablehnen wollen, sondern erst noch die Möglichkeit in Betracht ziehen, ob nicht in ihnen —

---

schen, später (und anderweitig) auftretende Denkweisen zurückprojizierenden Interpretation gelten.

64. Om moraliska föreställningars sanning, a.a.O. S. 48.

wenn auch verzerrt und verkürzt — ein Gedanke zum Ausdruck gebracht werden soll, der offenkundige Ungereimtheiten vermeidet und eine eingehende Erörterung verdient, müssen wir prüfen, ob anderweitige Äußerungen Hägerströms für eine solche Annahme sprechen, und ggf. eine Rekonstruktion versuchen. Zu diesem Zweck bietet sich uns zunächst der 1910 veröffentlichte Aufsatz „Kritiska punkter i värdepsykologien"[65] an.

In Auseinandersetzung vornehmlich mit zeitgenössischen Autoren erörtert Hägerström hier die Frage, ob die „primäre Wertung" (primär värdering) als ein Gefühl, als ein Begehren oder als „bare Objektauffassung" (blott objektsuppfattning)[66] und „rein intellektuelle Funktion" (rent intellektuell funktion)[67] zu bestimmen sei. Wenn auch der hier gebrauchte Begriff der „primären Wertung" — also der „ursprünglichen Werterfahrung" (ursprunglig värdeerfarenhet)[68], die „für jegliches Wertbewußtsein grundlegend" (grundläggande för allt värdemedvetande)[68] ist, wie Hägerström im Anschluß an Meinong formuliert — nicht ohne weiteres mit dem der „moralischen Vorstellung" gleichgesetzt werden kann, von der er später sagen wird, sie sei als solche weder wahr noch falsch, so tragen doch die Erörterungen der „Kritsichen Punkte" zur Klärung auch des zentralen Begriffs und der Argumentation der Antrittsvorlesung bei[69].

65. s.o. Anm. 16.
66. Om moraliska föreställningars sanning, S. 60.
67. ebd. S. 62.
68. ebd. S. 16.
69. Hägerström hat den Ausdruck „primär värdering" von Efraim Liljeqvist übernommen. Liljeqvist kennzeichnet in der Abhandlung „Meinongs allmänna värdeteori" (1904) das von Meinong „Werthhaltung" genannte und als Grundlage für den „Werthgedanken" geltend gemachte Gefühl als primäre Wertung, Meinongs „Werthurteil" dagegen, welches „eine rein intellektuelle Operation" sei, als sekundäre Wertung. Hägerström spricht in den „Kritischen Punkten" nicht von sekundären Wertungen und wo er zwischen Wertungen von verschiedener psychischer Struktur zu unterscheiden scheint, referiert er Bo Petersson zufolge lediglich Meinong. Obwohl durchgehend von primären Wertungen die Rede ist, so zeigt doch die Art, wie die Probleme behandelt werden, daß Hägerström die Wertung im allgemeinen im Auge hat und nicht das Spezifische

Obwohl eine jede Wertung ein Objekt habe, auf das sie sich richte, und von Hägerström ausdrücklich als „Objektbewußtsein" (*objektsmedvetande*)[70] gekennzeichnet wird, so könne sie doch niemals „eine bare Auffassung des gewerteten Objekts in seinen faktischen Relationen" (*en blott uppfattning af det värderade objektet i dess faktiska relationer*)[71] sein. Denn „die bare Faktizität von etwas" (*den blotta fakticiteten af något*)[72] könne für mich weder einen Wert noch einen Unwert enthalten und solange ich bloß Fakten konstatiere (*för mig såsom blott konstaterande faktum*)[73], gebe es für mich durchaus keine Werte. Erst wenn ich zu etwas kritisch Stellung nehme, „billigend oder mißbilligend" (*gillande eller ogillande*)[73], gewinne es für mich Wertcharakter.

In der Antrittsvorlesung wird Hägerström diesen Gedanken wieder aufnehmen und zur Grundlage seiner Argumentation machen. Hier in den „Kritischen Punkten" dient er dazu, den Begriff der Wertung näher zu bestimmen. Es gilt dabei vor allem, Wertung und Wertbewußtsein sorgfältig von jeder anderen Art von Objektbewußtsein abzuheben und zu berücksichtigen, daß im Werturteil „ein gewisses subjektives Verhältnis zum Objekt" (*ett visst subjektivt förhållande till objektet*)[73] vorhanden sein müsse. Im Wertungsakt selbst werde „subjektiv" Stellung bezogen, werde etwas gutgeheißen oder abgelehnt, nicht aber auf derartige Stellungnahmen bloß reflektiert, und Feststellungen wie, daß dies oder jenes etwas sei, woran ich Gefallen finde oder interessiert bin, können durchaus nicht als Wertungen gelten. Wenn solche Urteile auch in der Tat ein Gefühl oder Begehren voraussetzen mögen, so sei es doch nicht so, daß sie von daher auch „ihre Bedeutung holen" (*hämta sin betydelse*)[74].

---

einer besonderen Wertungsart zur Sprache zu bringen sucht, sondern das allen Wertungen Gemeinsame. – Vgl. Bo Petersson, Axel Hägerströms värdeteori S. 84ff.

70. Kritische Punkte S. 75.
71. ebd. S. 59.
72. ebd. S. 61.
73. ebd. S. 62.
74. ebd. S. 60. – Hägerström kennzeichnet die primäre Wertung als „eine

Die Erörterungen der „Kritischen Punkte" zeigen, daß Hägerström seine Charakteristik der Wertung als Objektbewußtsein und subjektive Stellungnahme nicht, wie Bo Petersson annimmt[75] und die Darstellung der Antrittsvorlesung nahelegen mag, als Tatsachenaussage geltend macht, die sich auf Introspektion und Beobachtungen psychologischer Art stützt, sondern als Explikation des Begriffs der Wertung. Durch vergleichende Reflexion ist Hägerström sich darüber klargeworden, daß durch diesen Begriff etwas gedacht wird, was sich vom baren Gefühl durch seine Objektintention und von bloßer Objektauffassung dadurch unterscheidet, daß es stets ein Gefühlsmoment mit einbegreift. Dabei ist es gleichgültig, ob im Bereich der Erfahrung Gegebenheiten anzutreffen sind auf die dieser Begriff anwendbar ist, und wie diese des weiteren beschaffen sein mögen. Dieser Begriff der Wertung liegt der Argumentation der Antrittsvorlesung zugrunde. Der Hinweis, daß moralische Wertungen nur in praktischen Situationen vorkommen, dient lediglich dazu, um auf den besonderen Charakter dieser Vorstellungen aufmerksam zu machen. Für die Argumentation hat er keine Bedeutung. Hägerström

eigentümliche Verbindung einer subjektiven Position zum Objekt und einer Auffassung desselben" (*en egendomlig förbindelse af en subjektiv position till objektet och en uppfattning af det samma*), wobei die subjektive Position „derart mit der Vorstellung verwächst, daß sie derselben ihre Bedeutung schenkt" (*så ingår i föreställningen, att den åt densamma skänker dess mening*). Dem „Vorstellungsinhalt" (*föreställningsinnehåll*) würde ohne diese Position „jedwede Bedeutung" (*hvarje som helst betydelse*) abgehen (ebd. S. 74). Mit dem „Vorstellungsinhalt" ist nicht, wie Erik Jonson, Det kategoriska imperativet (1924), S. 97, angibt, der Wert selbst gemeint, sondern der gewertete Gegenstand. Die „Bedeutung", von der hier die Rede ist, kommt diesem deshalb zu, weil mit der Vorstellung ein Gefühlsmoment verbunden ist, das den vorgestellten Gegenstand auf eine bestimmte Weise erleben läßt. Mit Rücksicht auf dieses eigentümlich emotional gefärbte Erleben spricht Hägerström von einer „subjektiven Position". Diese ist also nicht eine Eigenschaft der Vorstellung selbst und schon gar nicht soll damit, wie Jonson meint, die betreffende Vorstellung als Ursache des eigenen Inhalts gekennzeichnet werden.

75. Axel Hägerströms värdeteori S. 115.

stützt sich hier nicht auf Tatsachen und deshalb kann sich die Kritik auch nicht, wie Bo Petersson meint[76], auf Beobachtungen psychischer Vorgänge berufen.

Nach Hägerström zeichnet sich die subjektive Stellungnahme dadurch aus, daß sie einen Akt des Gefühls enthält. Im Gefühl werde stets etwas, ein spezifischer Inhalt, erlebt, aber im Unterschied zu den Inhalten anderer Bewußtseinsakte können Gefühlsinhalte (känsloinnehåll) wie Lust und Unlust, Freude und Leid niemals in oder an raumzeitlichen Gegenständen realisiert werden und auf diese Weise objektives Dasein erlangen. Es könne sich hier aber auch nicht um Eigenschaften des fühlenden und erlebenden Subjekts selbst handeln, denn das Gefühl sei kein Selbstbewußtsein. Den Gefühlsqualitäten eigne also der Charakter bloßer Bewußtseinsgegebenheiten, denen Dasein nur dann zukomme, wenn sie empfunden werden und im Gefühl gegenwärtig sind[77].

Auf der Grundlage dieses Gefühlsbegriffs sucht nun Hägerström den Charakter der Wertung zu bestimmen und zwar so, daß verständlich wird, warum sie als Objektbewußtsein und subjektive Stellungnahme gekennzeichnet werden kann. Verschiedene Äußerungen, die 1910 und später fallen, lassen es als wahrscheinlich erscheinen, daß er zu dem Ergebnis gekommen ist, die Wertung sei als ein Akt zu verstehen, welcher den Inhalt des Lust- oder Unlustgefühls, das man angesichts eines Objekts hege, auf dieses übertrage[78]. Dabei sei man so sehr vom Objekt eingenommen,

---

76. ebd. S. 117.

77. Zu Hägerströms Begriff des Gefühls vgl. Konrad Marc-Wogau, Känslans plats i Hägerströms ontologi (in: Studier till Axel Hägerströms filosofi. Falköping 1968. S. 113-133) und Bo Petersson, S. 37-45.

78. In den „Kritischen Punkten" lehnt Hägerström bei der Erörterung der Frage, ob Gefühle den Charakter von Wertungen haben können, den Gedanken einer Übertragung von Gefühlsinhalten auf Objekte ab. Beim Gefühl der Freude etwa werde dasjenige, worüber man sich freue, rein für sich aufgefaßt und vom Gefühlsinhalt durchaus getrennt gehalten. Dasselbe gelte auch für jedes andere Gefühl (a.a.O. S. 22f.). Nichtsdestoweniger taucht bereits in dieser Abhandlung der Gedanke auf, daß in der Wertung eine derartige Übertragung vorliegen könne: „Daß eine subjektive Bestimmtheit bei der Auffassung eines Objekts in dieser selbst sich aufs Objekt bezieht, kann

daß einem die „Subjektivität" der betreffenden Gefühlsqualität, also ihr Charakter als bare Bewußtseinsgegebenheit, entgehe und man sie dem Objekt als dessen Bestimmung zuschreibe[79]. Da auf

... nur bedeuten, daß die betreffende Bestimmtheit in der Auffassung aufs Objekt bezogen wird. In der Wertung muß also der Wert aufs Objekt übertragen werden" (*Att en subjektiv bestämdhet hos uppfattningen af ett objekt själf i denna hänför sig på objektet, kan ... betyda endast, att bestämdheten i fråga vid uppfattningen hänföres på objektet. I värderingen måste sålunda värdet öfverföras på objektet. – S. 34*). Mit mehr Entschiedenheit wird diese Ansicht dann in den Vorlesungen zur Wertpsychologie vorgetragen, die im Frühjahr des selben Jahres gehalten wurden, in der die Burman-Festschrift mit den „Kritischen Punkten" herauskam (1910): „Nun kann man dann stets die Frage aufwerfen, ob wir nicht tatsächlich die Lust irgendwie auf das vorgestellte Objekt übertragen, obwohl sie dann stets einen anderen Charakter erhalten muß als den sie an und für sich hat. Nun m u ß in unserem Fall eine solche Übertragung vorliegen, sofern es gerade die Lust ist, welche der vorgestellten Einstellung auf die Bestimmtheit der Wirklichkeit ihre Bedeutung schenkt" (*Nu kan då alltid den frågan uppställas, om vi icke faktiskt på något sätt öfverföra lusten på det förestälda objektet, fast den då alltid måste erhålla en annan karaktär än den i och för sig har. Nu m å s t e ett sådant öfverförande föreligga i vårt fall, såvidt det just är lusten, som åt den förestälda inriktningen på verklighetens bestämdhet skänker dess betydelse. – Manuskript 9:2, S. 25. Sperrung im Text*). – Bo Petersson meint, daß Hägerström hier nicht habe darlegen wollen, was im Akt der Wertung wirklich geschehe, sondern lediglich wie wir uns ihn gewöhnlich vorstellen (S. 122–125). Diese These belegt er indes nicht anhand des Textes und ich habe auch nichts finden können, was geeignet wäre, sie zu stützen.

79. „In der Tat reflektiere ich, wenn ich „gut" sage, immer noch über die Sache selbst, durchaus nicht über meine Vorstellung von ihr. ... Aber stehe ich nicht über der Vorstellung, auf sie achtgebend, sondern bin nach wie vor von der Sache in Anspruch genommen, so daß lediglich diese in meiner Vorstellung enthalten ist, dann kann ich nicht auf meine eigene subjektive Position bei der Vorstellung der Sache achtgeben oder ich kann sie nicht in ihrem subjektiven Charakter vorstellen" (*I själfva verket reflekterar jag, när jag säger "godt", alltjämt öfver saken själf, alls icke öfver min föreställning af den. ... Men står jag icke öfver föreställningen, iakttagande den, utan är alltjämt upptagen af saken, så att end. den inneh. i min föreställning, så kan jag icke iakttaga min egen subj. position vid föreställningen om saken, eller jag kan icke föreställa den i sin subjektiva karaktär*) – Värdepsykologi. Unpublizierte Vorlesungsreihe, Herbst 1910. Manuskript 8:3, S. 14f.

diese Weise stets ein Objekt aufgefaßt und bestimmt werde, müsse es sich bei der Wertung um „ein unentwickeltes oder entwickeltes Urteil" (*ett outvecklad eller utveckladt omdöme*)[80] handeln. Dieses Urteil sei aber weder „eine rein intellektuelle Funktion" noch „eine bare Feststellung dessen, was ist" (*ett blott faststållande af, hvad som är*)[81]. Denn einmal enthalte es als Bewußtsein einer Gefühlsqualität stets ein emotionales Element und zum anderen werde das Objekt nicht einfach so hingenommen, wie es „an sich", vor und unabhängig von aller Stellungnahme, vorliegt, sondern ihm wird etwas zugeschrieben, was lediglich eine Gegebenheit des fühlenden Bewußtseins sei und in Wahrheit keinem Objekt jemals zukommen könne, weder unabhängig vom wertenden Subjekt, noch aufgrund einer wertenden Stellungnahme[82].

80. Kritiska punkter i värdepsykologien, S. 34 und 75. — Bo Petersson nimmt an, daß Hägerström sich schon damals, zur Zeit der Antrittsvorlesung, die Ansicht zueigen gemacht habe, die moralische Wertung sei kein einheitliches Bewußtsein, sondern ein assoziativ verbundener Komplex verschiedener Bewußtseinsakte (a.a.O. S. 94, 97, 119 und 121). Er gibt indes keine Stelle an, wo Hägerström Wertungen als Assoziationen bezeichnet, und Kennzeichnungen, wie die „primäre Wertung" sei eine „eigentümliche Verbindung" (*egendomlig förbindelse*) einer subjektiven Position zum Objekt und einer Auffassung desselben (Kritische Punkte S. 74) lassen sich auch anders deuten. Gegen die Annahme Peterssons spricht vor allem die ausdrückliche Kennzeichnung der Wertung als Urteil (*omdöme*) nicht nur in den „Kritischen Punkten", sondern auch in den Vorlesungen der Jahre 1910/11. Selbst die Antrittsvorlesung gebraucht den Ausdruck „*värdeomdöme*" (Werturteil, S. 47). In der Selbstdarstellung sagt denn auch Hägerström ausdrücklich, erst 1917 habe er aus seiner Untersuchung den Schluß gezogen, daß das Werturteil „nur ein Schein" sei (In: Die Philosophie der Gegenwart. Hrsg.von Raymund Schmidt. Bd. VII. Leipzig 1929. S. 154).

81. Kritiska punkter i värdepsykologien, S. 68.

82. Mit dem Gedanken, daß es sich bei Werten um Gefühlsqualitäten handle, deren subjektiver Charakter unberücksichtigt bleibe und die im Akt der Wertung auf Objekte übertragen werden, haben Hägerströms Vorlesungen der Jahre 1910/11 in wesentlichen Punkten die Auffassung vorweggenommen, die Einar Tegen in seinem Aufsatz „The Basic Problem in the Theory of Value" (*Theoria* 10/1944, S. 28-52) vertritt. Die Kritik, die Tegen hier an Hägerström übt, bezieht sich auf ein Konzept der Wertung, das Hägerström erst später entwickelt hat.

Wenn Hägerström in der Antrittsvorlesung zu verstehen
gibt, daß moralische Vorstellungen „ohne Rücksicht auf unsere
subjektive Einstellung zur Sache, auf unsere Gefühle oder Interessen ihr gegenüber"[83] nicht zustandekommen, so meint er
damit nicht, daß die moralische Wertung notwendig eine Reflexion auf Gefühle oder Interessen einschließt. Die Aufmerk-
samkeit des Wertenden sei vielmehr durchaus der Sache zuge-
wandt und die eigene subjektive Einstellung könne unbeachtet
bleiben. Wenn wir dagegen annehmen, Hägerström wolle sagen,
daß im Akt der Wertung die in unserer Stellungnahme erlebte
Gefühlsqualität auf das gewertete Objekt übertragen werde, so
schlagen wir damit eine Deutung vor, welche die Explikation
des Wertungsbegriffs berücksichtigt, die zwar nicht in der Antrittsvorlesung selbst, wohl aber etwa gleichzeitig in der Schrift
über die „Kritischen Punkte" und in Vorlesungen vorgenommen
wird, und wir sind in der Lage zu zeigen, welche Art von Ab-
hängigkeit Hägerström im Auge hat, wenn er davon spricht, daß
moralische Wertungen eine emotionale Einstellung zur gewerteten Sache voraussetzen.

Für die so geartete moralische Vorstellung wird nun faktisch Anspruch auf Wahrheit erhoben. Hägerström hebt diese
Tatsache ausdrücklich hervor und widmet ihr eine ausführliche
historisch-psychologische Erklärung[84]. Er beginnt dabei mit dem
Hinweis, daß es bereits in der primitiven Gesellschaft zu einer Art
Regulierung der Weise moralisch zu werten komme. Die Sitte
wirke hier als Zwangsmacht, sie nötige die Individuen zu einem
bestimmten Verhalten und Verstöße werden auf mannigfache Weise geahndet. Um diesen Zwang erträglicher zu machen, sehe man
die Handlung, zu der man sich derart genötigt fühlt, als etwas an, was
um seiner selbst willen geschehen soll und nicht nur um künftiges
Ungemach zu vermeiden. Damit habe man sie zum Gegenstand
einer moralischen Wertung gemacht. Denn dieser sei es wesentlich, Handlungen nicht einen bloß untergeordneten, sondern einen

83. s.o.S. 30.
84. Om moraliska föreställningars sanning, S. 42-47.

„ selbständigen Wert" (*självständigt värde*)[85] zuzuerkennen. Um sich mit dem Zwang zu versöhnen, den die Sitte in der primitiven Gesellschaft ausübe, habe man mit moralischen Wertungen den Anfang gemacht, und die Regulierung, die darin bestehe, daß man Handlungen, denen man gewisse wertungsfrei konstatierbare Eigenschaften zuschreibe, stets auch — positiv oder negativ — moralisch werte, habe sich in der Folgezeit durchaus erhalten. Auch nachdem sich das moralische Bewußtsein von der in der primitiven Gesellschaft herrschenden Sitte gelöst und im Laufe der Geschichte eine Reihe von Umwandlungen durchlaufen habe, so sei es doch stets wieder aufs Neue mit Vorstellungen anderer Art feste Verbindungen eingegangen. An die Stelle der Sitte sei Gott, die Weltordnung und endlich das Gewissen getreten und derjenigen Handlungsweise, von der man meine, sie sei von Gott geboten, stehe in Einklang mit der Weltordnung, oder zu der das Gewissen auffordert, werde stets und unmittelbar auch ein selbständiger Wert zugeschrieben. Für das moralische Bewußtsein fungiere stets etwas — die Sitte, der Wille der Gottheit, das Gewissen — als „Repräsentant des höchsten Wertes" (*det högsta värdets representant*) und als „moralische Autorität" (*moralisk auktoritet*)[86], welche durch ihre Vorschriften die Gegenstände positiver und negativer moralischer Wertungen bezeichne. Die konstante Verknüpfung moralischer Wertungen mit andersartigen Vorstellungen müsse zwar nicht bedeuten, daß man logische Schlußfolgerungen vollziehe, sie verleite aber doch zur Annahme einer „normativen Wirklichkeit" (*normativ verklighet*)[86], die als Kriterium dienen könne um objektiv zu ermitteln, was wirklich und nicht nur vermeintlich das Rechte sei und geschehen solle. Auf diese Weise komme es zur Ansicht, daß Wertungen Behauptungen seien, die „ein bestimmtes Handeln als objektiv recht, ein anderes als objektiv unrecht" (*ett visst handlande såsom*

---

85. ebd. S. 42 — Für den moralischen Wert sei es kennzeichnend, daß er „nicht unter andere Werte gestellt werden darf", sondern „unter allen Umständen vorhanden sein soll". Hägerström spricht deshalb von „einem höchsten Wert" (*ett högsta värde*).

86. ebd. S. 44.

objektivt rätt, ett annat såsom objektivt orätt)[87] geltend machen.
Die eingewurzelte Gewohnheit, Wertungen sozusagen nach bestimmten Regeln zu vollziehen, habe dann dazu verleitet, für moralische Vorstellungen Anspruch auf Wahrheit zu erheben.

Nun aber sei dasjenige, was wir als „autoritative Wirklichkeit" (*auktoritativ verklighet*) ansehen und als Kriterium zur Er-
mittlung des objektiv Rechten, „etwas für das Sollen Fremdes"
(*något för börat främmande*)[88]. Niemals nämlich könne eine
Wirklichkeit, möge sie nun auch absolut sein, moralischen Wert
in sich schließen. Auch das Vorhandensein eines göttlichen
Willens enthalte für sich genommen keineswegs, daß wir ihm
auch folgen sollen. Denn „darin, daß etwas i s t, kann durchaus nicht liegen, daß es sein s o l l " (*däri, att något är, kan
alls icke ligga, att det b ö r vara*)[89].

Wenn wir nicht annehmen, daß Hägerström in dieser These
einen ihm selbstverständlichen Grundsatz zum Ausdruck habe
bringen wollen, den er der von Hume herrührenden Tradition
entnommen haben mag, sondern seine Ausführungen daraufhin
durchgehen, ob sie in irgendeiner Weise eine Begründung enthalten, so bietet sich uns das Verständnis des Wertes als Gefühlsqualität an, deren Charakter als bloße Bewußtseinsgegebenheit unre-
flektiert bleibe und die Handlungen zugesprochen werde[90]. Liegt
hier in der Tat ein Begründungszusammenhang vor, so wird klar,
warum Hägerström sagen kann, daß keine Wirklichkeit einen moralischen Wert in sich enthalten könne und die Annahme einer
„moralischen Autorität oder Norm als einer i n s i c h s e l b s t
guten Wirklichkeit" (*moralisk auktoritet eller norm såsom en
i s i g s j ä l v god verklighet*)[91] ungereimt sei. Denn Hägerströms
Auffassung zufolge können Gefühlsqualitäten keinem Objekt als
Eigenschaft zukommen, auch nicht dem fühlenden Subjekt selbst[92].

87. ebd. S. 41.
88. ebd. S. 46.
89. ebd. S. 48. Sperrung im Text.
90. s.o. S. 34f.
91. Om moraliska föreställningars sanning, S. 46. Sperrung im Text.
92. s.o. S. 34.

Nur wenn man des durchaus subjektiven Charakters dessen, was man im Gefühl erlebe, nicht gewahrwerde oder nicht beachte, daß das Gefühl der Lust und Unlust für das Wertbewußtsein konstitutiv sei, könne man auf den Gedanken kommen, anhand einer „normativen Wirklichkeit" das objektiv Rechte ermitteln zu wollen. Stets handle es sich um ein „fremdes Element, welches mit dem Sollen verbunden die Einführung von Objektivität in dasselbe veranlaßt" (främmande element, som, förbundet med börat, föranleder införande av objektivitet däri)[93]. Nur mittels einer solchen verstellenden Objektivierung sei es möglich, in der Reflexion auf Wertungen diese − fälschlich − als Wirklichkeitsannahmen oder -behauptungen zu interpretieren und für sie Anspruch auf Wahrheit zu erheben.

Wenn Hägerström sagt, daß „wir, sofern wir meinen, daß etwas wirklich sich so oder so verhält, daß Wahrheit vorliegt, auch meinen, daß es so ist, ohne Rücksicht auf unsere subjektive Einstellung zur Sache, auf unsere Gefühle oder Interessen ihr gegenüber" (såvitt vi mena, att något verkligen förhåller sig så eller så, att sanning föreligger, mena vi ock, att det är så alldeles utan hänsyn till vår subjektiva ställning till saken, våra känslor eller intressen visavi densamma)[94] oder ohne daß wir die angesichts der Sache erlebte Gefühlsqualität auf dieselbe übertragen, so meint er damit nicht, daß für jede Behauptung und jede Wirklichkeitsannahme gelte, daß sie unabhängig von subjektiver Stellungnahme zur beurteilten Sache aufgestellt werden könne, wie Bo Petersson annimmt[95], sondern er will seine Überzeugung von der grundsätzlichen Andersartigkeit von Wirklichkeitsannahmen und -behauptungen einerseits und moralischen Vorstellungen andererseits zum Ausdruck bringen[96]. Wertungen können zwar mit Wirklichkeitsbehauptungen ver-

93. Om moraliska föreställningars sanning, S. 49.

94. ebd. S. 48.

95. a.a.O. S. 113 und 118.

96. Diese strikte Abgrenzung gilt nicht nur für moralische Wertungen, sondern für jede Überführung von Gefühlsqualitäten auf Objekte. Vgl. dazu den späteren Aufsatz „Om primitiva rudimenter i modernt föreställningssätt" (1935/36, wieder in: Socialfilosofiska uppsatser, a.a.O. S. 122-132). Dies erklärt auch, warum Hägerström die Argumentation der Antrittsvorlesung

bunden werden, aber auch wenn man von der Wirklichkeit des gewerteten Objekts überzeugt sei, so lassen sich doch Überzeugung
und Wertungsakt durchaus voneinander trennen[97]. Im Werturteil
sage man nämlich nicht, „daß die Wirklichkeit auf eine gewisse
Weise beschaffen i s t , sondern nur, daß es gut ist, wenn sie es
ist" (*att verkligheten ä r på ett visst sätt beskaffad, utan endast
att det är godt, om den är det*)[98]. Wertungen, in denen wirklich
etwas behauptet oder angenommen würde, etwa daß das Ausführen bestimmter Handlungen gut sei, müßten Hägerström zufolge die Behauptung oder Annahme in sich schließen, daß das
gewertete Objekt in irgendeiner Form, selbständig oder als Be-
wußtseinsinhalt, der raumzeitlichen Welt angehöre. Hier zeigt
sich, daß der Argumentation Hägerströms ein bestimmter Wirklichkeitsbegriff zugrundeliegt, dem entsprechend jede Annahme
oder Behauptung, daß etwas wirklich oder in Wahrheit sich so
oder so verhalte, in der Weise verstanden wird, daß man damit
meine, etwas habe im raumzeitlichen Gesamtzusammenhang seinen Ort und sei somit faktisch wirklich. Von derartigen Intentio-
nen aber sind Wertungen in der Tat frei und deshalb nach Hägerström auch weder wahr noch falsch.

Die Bedeutung der Argumentation von 1911 liegt darin,
daß hier im Unterschied zu späteren Entwürfen der Versuch gemacht wird, die These von der kognitiven Irrelevanz der moralischen Wertungen im Rahmen eines Konzepts zu etablieren, das diesen nach wie vor den Charakter von Urteilsakten zuweist. Dies

darauf aufbaut, daß die moralische Vorstellung ein emotionales Moment einschließt.

97. Um den reinen Wertungsakt von den andersgearteten, faktisch mit ihm
verknüpften Überzeugungen und Annahmen abzuheben, spricht Hägerström
an entscheidenden Stellen der Antrittsvorlesung von moralischen Vorstellungen
„an und für sich betrachtet" (*i och för sig betraktade* – S. 41) bzw. von der
moralischen Vorstellung „als solchen" (*såsom sådan* – S. 52).

98. Värdepsykologi, Frühjahr 1910, S. 29. Sperrung im Text. – Ebenda
heißt es, das Werturteil (*värdeomdöme*) habe „nicht die Realität der Verknüpfung zur Kopula, sondern ein bestimmtes subjektives Element, das als
Wert bezeichnet wird" (*icke förbindelsens realitet till kopula, utan ett visst
subjektivt element, som betecknas som värde*).

impliziert, daß die Bedeutung der Wertworte – die Antrittsvorlesung spricht vom „Sollen" (*börat*), dem „moralisch Rechten"
(*moraliskt rätta*) und „höchsten Wert" (*högsta värdet*) – noch
immer darin gesehen wird, daß sie etwas bezeichnen und nicht wie
Interjektionen als bloße Gefühlsausdrücke fungieren. Der Sprachgebrauch der Antrittsvorlesung ist in diesem Sinne noch durchaus
kognitivistisch. Würde Hägerström den Wertausdrücken keine Sach-
referenz zubilligen, könnte er Wertungen nicht als Projektionen von
Gefühlsqualitäten verstehen und auch nicht davon sprechen, daß
dasjenige, womit das Sollen verbunden werde, etwas ihm Fremdes
sei[99]. Wenn er auch unter diesen Voraussetzungen folgerichtig
hat seine These vertreten können, so liegt dies an seinem Verständnis dessen, was allein wahr oder falsch sein kann.

99. Konrad Marc-Wogau hat in seinem Aufsatz „Känsla och värde enligt
Hägerström och Hans Larsson" (1947) darauf aufmerksam gemacht, daß Hägerströms Argumentation gegen den Wertobjektivismus sich auf die Ansicht
stützt, daß „der Wert von dem in der Wertung enthaltenen Gefühl von Lust
oder Unlust konstituiert wird" (*värdet konstitueras av den i värderingen in-
gående känslan av lust eller olust*). Hätte Hägerström lediglich die Auffassung vertreten, daß die Wertung ein Gefühl als ein wesentliches Moment enthalte, so hätte er daraus nichts bezüglich der Objektivität oder Subjektivität der Wertqualität folgern können, denn in der Annahme, daß eine bestimmte objektive Eigenschaft stets bloß in einer Auffassung aufgefaßt werde, welche ein Gefühl enthalte, liege nichts Widersinniges. – Studier till Axel
Hägerströms filosofi, a.a.O. S. 134f.

Spätere Argumente

Zu den Veränderungen, die Hägerströms Theorie der Wertung nach 1911 erfahren hat, gehört die Umformung des Wertungsbegriffs wie die Erprobung neuer Wege, die Wahrheitsindifferenz von „Gefühlswertungen"[100] darzutun.

Einer dieser Versuche liegt in jenen eigenartigen Überlegungen der Schrift über den objektiven Rechtsbegriff vor, die Bo Petersson unter dem Namen „bör-vara argumentet" (das Sollsein-Argument) zusammengefaßt hat und die in der Literatur lebhaften Widerhall und auch Kritik gefunden haben[101].

Hägerström geht es hier u.a. darum zu zeigen, daß „hinter" (bakom) Sätzen wie „Denna handling bör af mig företagas" (Diese Handlung soll von mir vorgenommen werden) entgegen dem ersten Anschein kein „wirkliches Urteil" (verkligt omdöme) steht[102]. Dasselbe müsse auch für Sätze gelten, die eine „eigentliche Wertvorstellung" (egentlig värdeföreställning) zum Aus-

---

100. Der Ausdruck „känslovärderingar" (Gefühlswertungen) kommt wiederholt in den 1917 gehaltenen Vorlesungen zur Moralpsychologie vor. Gemeint sind nicht Gefühle, die für sich genommen als Wertungen charakterisiert werden können — die Ansicht, daß das bloße Gefühl eine Wertungsfunktion annehmen könne, hat Hägerström 1910 in den „Kritischen Punkten" ausführlich kritisiert und zurückgewiesen — sondern solche Wertungen, welche u.a. ein emotionales Element einschließen.

101. Till frågan om den objektiva rättens begrepp (1917), S. 66f. Die überaus knappe Darstellung ist ohne die Ausführungen in den Vorlesungsserien „Moralpsykologi" (1917, Manuskript 12:4, S. 64; S. 80f. in der Ausgabe von Martin Fries) und „Värdelära och värdepsykologi" (Herbst 1917 – Frühjahr 1918, Manuskript 7:1, S. 129-132 und 136f.) kaum verständlich. An Literatur liegt vor: Anders Wedberg: Den logiska strukturen hos Boströms filosofi (1937), S. 198f. – Konrad Marc-Wogau: Über die Begriffe „bindende Kraft des Rechts", „Rechtspflicht" und „subjektives Recht". Theoria VI/1940, S. 232-237 (wieder in den „Studien" S. 161-166). – Martin Fries: Das subjektive Recht und der Realitätsbegriff. Theoria VII/1941, S. 137-140. – C.D. Broad: Hägerström's Account of Sense of Duty and Certain Allied Experiences. Philosophy XXVI/1951, S. 106-109. – Bo Petersson, a.a.O. S. 175-186.

102. Till fragan om den objektiva rättens begrepp, S. 66.

druck bringen und in denen gesagt werde, daß es gut bzw. schlecht sei, wenn dies oder jenes geschehe[103]. Den Beweis sucht Hägerström im Sinne eines argumentum ex absurdo zu führen. Lägen Sätzen der genannten Art in der Tat Urteile zugrunde, führt er an, so müßte in diesen das im grammatischen Subjekt Genannte als wirklich seiend gedacht und behauptet werden. Wenn wir aber von einer bestimmten Handlung sagen, sie solle ausgeführt werden, so schließe dies keineswegs ein, daß wir der Meinung seien, sie werde auch wirklich ausgeführt. Vielmehr gelte die betreffende Handlung ohne Rücksicht auf ihre eventuelle Realität als etwas Gutes und Auszuführendes. Demnach würde ich, brächten die fraglichen Sätze in der Tat Urteile zum Ausdruck, „in einem Bewußtsein der Handlung Wirklichkeit in absolutem Sinne zuschreiben, indem ich sie als eine reale Bestimmtheit, das Sollsein, besitzend fasse, und sie zugleich als bloß sein sollend bestimmen" (*i ett medvetande tillskrifva handlingen verklighet i absolut mening, i det jag fattar den såsom ägande en real bestämdhet: bör-varat, och tillika bestämma den som blott börande vara*)[104]. — Zu diesem Ergebnis kommt Hägerström, weil er die fraglichen Sätze von vornherein als sprachlichen Ausdruck von Akten interpretiert, in denen die betreffenden Handlungen auf-

103. Da die „Sollensidee" (*böraidé*) mit der „eigentlichen Wertvorstellung" verwandt sei und gewisse gemeinsame Züge deutlich hervortreten lasse, gebe sie einen bequemen Ausgangspunkt für die Analyse der Wertvorstellung ab: Värdelära och värdepsykologi, S. 129ff. und 137.

104. Till frågan om den objektiva rättens begrepp, S. 67. — Nach Bo Petersson meint Hägerström mit „*absolut verklighet*" (= „*verklighet i absolut mening*") dasselbe wie „*objektiv verklighet*" (S. 177f.). Demnach wäre wirklich „in absolutem Sinne" nur, was dem Gesamtzusammenhang des Wirklichen nicht bloß als etwas Vorgestelltes angehört. Aber einmal fände, wie Petersson selbst anmerkt, die Argumentation dann keine Stütze in Hägerströms Lehre vom Urteil, und zum anderen müßte Hägerström auch dann etwas als wirklich seiend ansehen können, wenn es nicht „objektiv", sondern bloß als Bewußtseinsgegebenheit wirklich ist. Nach Hägerström aber ist alles, was wirklich ist, schlechthin und uneingeschränkt wirklich. Der „absoluten Wirklichkeit" stellt er denn auch nicht die „subjektive" Wirklichkeit etwa der Gefühlsqualitäten gegenüber, sondern den widersprüchigen Begriff der Wirklichkeitsmodifikation, in dem Wirklichkeit als eingeschränkt gedacht werde.

gefaßt werden ohne daß damit ihre Realität behauptet würde. Das Argument enthält also einen Zirkel[105].

Hägerström hat weiterhin versucht den Begriff näher zu bestimmen, der in jenen Urteilen als Prädikat fungieren müßte. Dabei macht er geltend, daß die Ausdrücke „gott" (gut) und „bör" (soll) unmittelbar nicht auf die genannten Handlungen, sondern auf deren Wirklichsein bezogen sind. Sollten also in der Tat Urteile vorliegen, so müßten die Ausdrücke „bör-vara" (sollsein) und „gott-vara" (gutsein) genau dasjenige bezeichnen, was der Handlung als realer Bestimmung zugeschrieben werde. Es müßte sich also um ein in gewisser Weise bestimmtes Sein handeln. Wenn man sich frage, welcherart die Bestimmung sei, die das Sein im „bör-vara" und „gott-vara" erführe, müsse man berücksichtigen, daß man, wenn man die mit den fraglichen Sätzen ausgedrückten Wertungen vornehme, darin nicht behaupte, daß die betreffenden Handlungen wirklich seien. Dies aber bedeute, daß die Ausdrücke „böra-vara" und „gott-vara" ein Sein bezeichnen müßten, welches keineswegs Sein „in eigentlichem Sinne" (i egentlig mening) sei. Es könne sich hier nicht um eine „Seinsart" (art av vara) oder um eine „Spezifikation der Wirklichkeit" (specifikation av verkligheten) handeln, so wie das gleichseitige Dreieck eine Spezifikation des Dreiecks überhaupt sei, sondern nur um etwas, was Hägerström eine „Modifikation des Seins" (modifikation av varat) oder eine „Modifikation des Wirklichkeitsbegriffs selbst" (modifikation av verklighetsbegreppet självt)[106] nennt. Dies aber heiße, daß jene

---

105. Bei der Diskussion des Räsonnements hat Thorild Dahlquist geltend gemacht, daß Hägerström allenfalls gezeigt habe, daß die betreffenden Sätze nicht Urteile einer bestimmten Art ausdrücken, nämlich solche, die dem Gegenstand, dem im jeweiligen Satz das grammatische Subjekt entspricht, Realität zusprechen; nicht aber habe er gezeigt, daß sie überhaupt keine Urteile zum Ausdruck bringen. Der Einwand ist berechtigt. Zu berücksichtigen bleibt indes, daß es Hägerström zunächst und vor allem nicht darum geht zu zeigen, daß dem Sollsatz überhaupt kein Urteil zugrundeliegt, sondern daß die Wertung, die zum Ausdruck gebracht wird, kein Urteil ist, also m.a.W., daß ihm kein solches Urteil zugrundeliegt, welches zugleich den Charakter einer Wertung besitzt.

106. Värdelära och värdepsykologi, S. 130f.

Ausdrücke „einen Mangel an voller Wirklichkeit – eine Begrenzung in der Wirklichkeit selbst" (*en brist på full verklighet – en begräns-ning i själva verkligheten*)[107] bezeichnen müßten. In den Begriffen also, die in den fraglichen Urteilen als Prädikate fungierten, wäre das Sein als eingeschränkt gedacht. Nach Hägerström handelt es sich damit um widersprüchige Begriffe, in denen Sein zugleich als Nichtsein, Wirklichkeit zugleich als Nichtwirklichkeit gedacht wer-de und denen niemals objektive Realität zukommen könne.

Von Bedeutung sind die Überlegungen des *bör-vara argu-ment* vor allem deshalb, weil sie erkennen lassen, wie der Grund-satz, daß „in jedem Urteil die R e a l i t ä t dessen angenommen wird, worüber man urteilt" (*I varje omdöme antages r e a l i t e t e n av det, varom man dömer*)[108] Hägerströms Stellungnahme be-stimmt. In diesem Konzept des theoretischen Urteils wurzeln die Schwierigkeiten, die Hägerström im ersten wie im zweiten Ge-dankengang aufzudecken meint, und die Kritik, die in diesem Zu-sammenhang an Hägerström gerichtet wurde, betraf zunächst und vor allem diese Voraussetzung.

Die Schrift über den objektiven Rechtsbegriff enthält noch einen weiteren Versuch, die Wahrheitsindifferenz von Gefühlswer-tungen darzutun. In diesem wird die Reflexion auf die Bedeutung sprachlicher Ausdrücke zum bewußt gehandhabten Instrument der Argumentation. Hägerström präsentiert Sätze, die ihm als Wertungs-ausdrücke gelten, und sucht durch Analyse des ihre Bedeutung konstituierenden Bewußtseins die Frage zu beantworten, ob sie als wahr oder falsch qualifiziert werden können. Es sind vor allem Wunsch- und Ausrufesätze, die als repräsentative Exempel für Wer-tungsausdrücke vorgestellt werden. Mit diesen seien Sätze anderer Art, die Urteile zu artikulieren scheinen, bedeutungsgleich. Der Satz „*denna gärning är skändlig*" (diese Handlung ist schändlich) lasse sich durch ein „*fy! en sådan gärning!*" (pfui, so eine Handlung!)[109]

---

107. Sambandet mellan rättsliga och moraliska föreställningar. Nicht ver-öffentlichte Vorlesungsserie, Herbst 1925. Manuskript 12:6, S. 31.

108. Art. „Hägerström" in: Alf Ahlberg, Filosofiskt lexikon. Stockholm 1925. S. 89. Sperrung im Text.

109. Om social rättvisa (1931). Wieder in: Socialfilosofiska uppsatser, S. 101.

ersetzen und der Satz „*det är önskvärdt, att han snart inträffar*"
(es ist wünschenswert, daß er bald eintrifft) unterscheide sich lediglich in der Formulierung von „*måtte han snart inträffa!*" (möchte er doch bald eintreffen!)[110]. Da nun weder der Wunsch- noch
der Ausrufesatz eine „Vorstellung von etwas als wirklich sich so
oder so verhaltend" (*förestälning om något såsom verkligen förhållande sig så eller så)*[110] zum Ausdruck bringe, sei es sinnlos
danach zu fragen, ob derartige Sätze wahr oder falsch seien. Dasselbe müsse auch für diejenigen Sätze gelten, die mit ihnen bedeutungsgleich seien und lediglich eine andere grammatische Form
aufweisen.

Bei der Bestimmung der diesen sprachlichen Äußerungen zugrundeliegenden „Bewußtseinslage"[111] folgt Hägerström zunächst
in den Arbeiten von 1910 gebahnten Wegen: es handle sich hier um
die Vorstellung eines Objekts, einer Handlung oder eines Geschehens, und damit verknüpft um ein Gefühl der Lust oder Unlust.
Dominiere das Vorstellungselement, so verliere der Gefühlsausdruck seine „Selbständigkeit" und anstelle des „*fy*" (pfui) und
„*måtte*" (möchte) erscheinen die Adjektive „*skändlig*" (schändlich) und „*önskvärdt*" (wünschenswert). Die Form des Aussagesatzes bedeute aber nicht, daß das zugrundeliegende Bewußtsein
nun auch als Urteil zu bestimmen sei. Denn im Unterschied zu
der um 1910 vertretenen Auffassung sieht Hägerström Objektbewußtsein und Gefühl nicht mehr in der Einheit des Urteilsaktes
zusammengefaßt, es handle sich überhaupt nicht um ein „einheitliches Bewußtsein" (*enhetligt medvetande*)[112], sondern vielmehr
um eine simultane Assoziation.

Die Gründe, die Hägerström dazu bewogen haben, das Urteilskonzept aufzugeben und die ursprüngliche Wertung statt dessen als Assoziation zu bestimmen, lassen sich anhand von Hinweisen, die wir den Ausführungen zum Vorsatz- und Wunschbewußt-

---

110. Till frågan om den objektiva rättens begrepp, S. 68.
111. Hägerström spricht von „*bakomliggande medvetenhetsläget*", also
von der „hinter" dem sprachlichen Ausdruck liegenden Bewußtseinslage (ebd.
S. 49 u.a.).
112. ebd. S. 64.

sein der Schrift über den Begriff des objektiven Rechts entnehmen[113], rekonstruieren. Das komplexe Bewußtsein, das einem
Satz zugrundeliegt und in ihm zum Ausdruck kommt, ist nur dann
von der Gestalt des Urteilsaktes, kann nur dann als „unentwickeltes
oder entwickeltes Urteil", wie es in den „Kritischen Punkten"
heißt aufgefaßt werden, wenn in ihm die Inhalte der einzelenen
Akte, die es umfaßt[114], in Beziehung zueinander gesetzt sind.
Auch die bei der Äußerung eines Wunsches empfundene Lust
müßte „in ein größeres Ganzes eingesetzt" (*insättas i ett större
helt*) oder gar „als ein Glied in einem Wirklichkeitszusammenhang
bestimmt" (*bestämmas som ett led i ett verklighetssammanhang*)[115]
werden, soll die Lustempfindung selbst Teil eines Urteilsaktes sein.
Nun ist es Hägerström zufolge dem Gefühl eigentümlich, daß das,
was seinen Inhalt ausmacht, in ihm isoliert gegeben und nicht in
Relation zu etwas Anderem gesetzt ist. In der Lustempfindung
selbst kann also Lust nicht auf das erlebende Bewußtsein bezogen, dem Ich oder, wie in der 1910 vorgetragenen Projektions-
theorie der unmittelbaren Wertung, einem Objekt zu- oder auch abgesprochen werden. Da in ein und demselben Akt etwas nicht isoliert und in Zusammenhang mit Anderem gegeben ist, könne es
kein Urteil geben, das ein Gefühl enthalte[116], und weder dem
Wunschsatz noch den ihm bedeutungsgleichen Sätzen liege ein
derartiges Urteil zugrunde. Da aber jeder dieser Sätze gleichwohl
nebst der Vorstellung eines Objekts auch einem Gefühl Ausdruck

113. ebd. S. 46-49

114. Die „Bewußtseine" (*medvetanden*) und „Bewußtseinsäußerungen"
(*medvetenhetsyttringar*), von denen in diesem Zusammenhang die Rede ist,
sind als intentionale Akte zu verstehen: Bo Petersson, S. 30-32. Petersson
weist auf den Einfluß Brentanos und Meinongs auf die Psychologie Hägerströms hin und zitiert dazu u.a. aus der unpublizierten Vorlesungserie „Till
den praktiska filosofiens propedeutik. Valda frågor ur kunskapsteorien"
(1908) den Ausspruch: „es gibt kein Bewußtsein, das nicht ein Bewußtsein
von etwas wäre" (*det ges intet medvetande, som ej vore ett medvetande om
något*).

115. Till frågan om den objektiva rättens begrepp, S. 47.

116. „Aber ein Gefühlsinhalt kann als solcher niemals Glied in einem
Urteil sein" (*Men ett känsloinnehåll kan såsom sådant aldrig vara led i ett
omdöme*) — ebd. S. 49.

verleihe, so liege hier kein „einheitliches Bewußtsein" vor, es handle sich vielmehr um eine Reihe gleichzeitiger „Bewußtseine" (*medvetanden*), die „auf eine eigentümliche Weise" (*på ett egendomligt sätt*)[117] miteinander verbunden seien und deshalb in der Einheit eines Satzes zum Ausdruck gebracht werden. Die Einheitlichkeit des Sprachausdrucks täusche dann eine Synthese im Sinne des Urteils vor und es bedürfe der „logischen Reflexion"[118] um zu sehen, daß vielmehr bloß eine assoziative, mithin alogische Verknüpfung vorliege[119].

Hägerström spricht davon, daß dem Zusammenhalt der miteinander assoziierten Inhalte ein „Gleiten" (*glidande*) zugrundeliege: das vorstellende Bewußtsein „gleitet von dem einen zum anderen" (*glider från det ena till (det) andra*)[120]. Dieses „Gleiten" darf indes nicht so verstanden werden, daß die Glieder der Assoziation zu einer psychischen Einheit zusammenfließen[121]. Denn dies würde bedeuten, daß auch die Inhalte miteinander verschmolzen oder als Bestimmungen eines und desselben Gegenstandes gesetzt werden. Dazu aber ist ein Urteil oder ein urteilsartiger Akt notwendig, in

117. ebd. S. 48.
118. Om primitiva rudimenter i modernt föreställningssätt, a.a.O. S. 118.
119. Die Kritiker des Assoziationskonzepts, die Hägerström gegenüber die Einheitlichkeit des wertenden Bewußtseins geltend machten, aber zugleich, wie Einar Tegen und Torgny T. Segerstedt, am emotionalen Charakter der Wertung festhielten, setzen in der Tat einen anderen Gefühlsbegriff voraus.
120. Inledning till den praktiska filosofien. Nicht veröffentlichte Vorlesungsreihe, Frühjahr 1914. Manuskript 6:5. S. 49.
121. Die Überlegungen, die Einar Tegen im Rahmen seiner Schrift „Viljandet i dess förhållande till jaget och aktiviteten" (Uppsala und Leipzig 1928. S. 207ff.) zu Hägerströms Begriff der Assoziation vorträgt, lassen kaum eine einheitliche Auffassung erkennen. Die assoziative Verknüpfung scheint ihm einmal von der Art zu sein, daß Gefühl und Vorstellung des Objekts im Wertbewußtsein „zu einer psychischen Einheit zusammenfließen", wobei die im Gefühl erlebte Lust die vorgestellte Wirklichkeit „infiziert". Zum anderen meint er, daß Hägerström lediglich ein „äußerliches Zusammengehen" von verschiedenen Bewußtseinen ohne Verschmelzung der Inhalte im Auge habe. Der Standpunkt Hägerströms sei aber auf jeden Fall dann verlassen, wenn man in der unmittelbaren Wertung die Inhalte ausdrücklich in Relation zueinander gesetzt sehe.

dem etwas als etwas aufgefaßt wird, also genau das, was Hägerström allem Anschein nach im Auge hatte, als er 1910 in den „Kritischen Punkten" vom „unentwickelten oder entwickelten Urteil"
sprach, und was ihm damals als die Form der primären Wertung —
wenn nicht der Wertung überhaupt — galt[122]. Die Inhalte mögen
zunächst bloß assoziativ gegeben sein, ihre Vereinigung aber ist
bereits von der Art logischer Synthesen und nicht Funktion eines
bloß assoziierenden Bewußtseins. Wenn Hägerström zu verstehen
gibt, daß sprachlichen Ausdrücken mit widersprüchiger Bedeutung
Assoziationen zugrundeliegen, so meint er mit dem assoziierenden
„Gleiten" dennoch nicht den logischen Akt, der unvereinbare Auffassungen zur widerspruchsvollen Vorstellung vereinigt, sondern
nur die assoziativ-kausale Verknüpfung dieser Auffassungen, die
dem logischen Akt, wenn es zu einem solchen kommt, vorausläuft
und sein Zustandekommen psychologisch erklärt[123].

Bo Petersson meint aus verschiedenen Äußerungen entnehmen zu können, daß Hägerströms Begriff der Assoziation nicht
den Gedanken einer kausalen Verknüpfung von Bewußtseinsakten
einschließe. Er gelangt darüber zum Ergebnis, daß die ohnehin spär-
lichen Angaben eine befriedigende Antwort auf die Frage, was
Hägerström denn gemeint habe, nicht erlauben, sondern nur „überaus unsicheren Spekulationen" Raum geben[124]. — Auch wenn man
im Werk Hägerströms vergeblich eine explizite Bestimmung des für
die vorgenommenen Analysen so wichtigen Begriffs der Assoziation
sucht, so wird man dennoch Peterssons Urteil als voreilig und über-

122. s.o. S. 36.
123. Svante Bohman zufolge ist die im Gleiten vorausgesetzte Zeitdif-
ferenz mit der behaupteten Simultaneität unvereinbar (Analyser av medvetandet jämte viljandet och värderingen. 1974. S. 78f.). Hägerström dürfte indes eher eine Bewegung im Auge haben, die von dem einen Inhalt zu dem anderen fortgeht ohne den ersten fallen zu lassen. Anders verhält es sich, wenn
er, wie Einar Tegen a.a.O. S. 208 angibt, in Vorlesungen nicht nur von einem
Gleiten, sondern auch von einem Oszillieren zwischen verschiedenen Inhalten
gesprochen hat. Dann wird man der Kritik Bohmans zustimmen müssen. Ich
habe indes in den nachgelassenen Handschriften nichts finden können, was
Tegens Angabe bestätigen könnte.
124. Axel Hägerströms värdeteori, S. 56f.

treibend ansehen dürfen. Auch sind die angeführten Beispiele kaum
geeignet die Schlußfolgerungen zu stützen[125]. Die Psychologie des
18. und 19. Jahrhunderts, die Hägerström vor Augen hatte, kennt
zwar verschiedene Assoziationsbegriffe, diese aber liegen nicht so
weit auseinander, daß gemeinsame Charakteristika und im Gedanken der „strong Combination of Ideas, not allied by Nature"
sondern „wholly owing to Chance or Custom"[126] ein gemeinsamer
Bezugspunkt nicht mehr erkennbar wäre und die Rede von Assoziationen ohne präzisierende Erläuterungen konturlos werden müßte.
Auch wenn Hägerströms Begriff der Assoziation sich kaum völlig
mit einem bestimmten anderweitig ausgearbeiteten Konzept

125. Petersson führt an, daß nach Hägerström das Gefühl der Freude von
der Vorstellung des Objekts verursacht werde, ohne daß hier eine simultane
Assoziation vorliege. Andererseits meine Hägerström, daß dem Satz „Gott ist
allmächtig" eine Assoziation zugrundeliege. Die Vorstellung von etwas als
ausgeschlossen vom Wirklichkeitszusammenhang in Raum und Zeit werde
hier mit dem Gedanken desselben als in diesen Zusammenhang eingreifend
assoziativ verknüpft. Warum aber, fragt Petersson, sollte die erste Vorstellung die zweite verursachen? – Aber an der angegebenen Stelle der „Kritischen Punkte" (S. 22) sagt Hägerström nicht, daß keine Assoziation vorliegt, wenn ich mich über etwas freue, sondern daß man hier nicht von einer
Überführung der „spezifischen Gefühlsbestimmtheit" auf das Objekt sprechen könne, und in der „Inledning till den praktiska filosofien" (S. 48f.)
heißt es, daß die miteinander verknüpften Vorstellungen – es handelt sich
übrigens um die Vorstellung Gottes als Allheit und um die Gottes als grenzen-
los mächtig – „durch das Gemeinsame (die Abwesenheit der Grenze, wenn
auch auf verschiedene Weise)" in assoziative Verbindung miteinander treten. – Man kann annehmen, daß die Rede vom kausalen Zusammenhang
im Hinblick auf Assoziationen meint, daß die Aktuierung der Vorstellung
eines bestimmten Typs „stets" die Reproduktion einer anderen Vorstellung oder sonst eines psychischen Aktes nach sich zieht oder mit sich führt,
und zwar aufgrund einer lediglich zufällig-faktischen, aber stabilen psychischen Disposition des Subjekts. Psychische Kausalitäten, welche nicht auf
derartige Dispositionen beruhen, begründen keine Assoziationen, und dies
mag beim Freudengefühl der Fall sein. Was das zweite Beispiel betrifft, so
ist nicht einzusehen, warum die Wahrnehmung von Ähnlichkeiten oder auch
nur vermeintlicher Ähnlichkeiten nicht zu psychischen Dispositionen führen
können soll, welche Grundlagen für Assoziationen abgeben.
126. John Locke, An Essay concerning Human Understanding (London [17] 1775), book II, chap. 33: Of the Association of Ideas, §§ 5f.

deckt — auch nicht mit dem Wilhelm Wundts, vor dem allem Anschein nach Hägerström den Ausdruck „simultane Assoziation"
übernommen hat[127] — so deutet anderseits auch nichts darauf hin,
daß sein Begriff jenseits des traditionellen Rahmens fällt, im Ge-
genteil, gewisse markante Züge wie der alogische Charakter der
Verknüpfung und die Festigkeit des Zusammenhalts werden häufig
genug erwähnt und auch hervorgehoben. Unter diesen Umständen
ist es verständlich, daß Hägerström davon absehen konnte, seinen
Begriff der Assoziation eigens vorzustellen und zu explizieren.

Das in der Schrift über den Begriff des objektiven Rechts
vorgelegte Konzept der Wertung als Assoziation hat seine Wurzeln
in der bereits 1910 in den „Kritischen Punkten" vertretenen Auffassung, daß die Wertung nebst der Vorstellung des gewerteten Gegenstands ein emotionales Element enthält. Diesen Zusammenhang
hat Hägerström auch allem Anschein nach gemeint, als er im Rück-
blick der Selbstdarstellung von 1929 angab, erst 1917 habe er aus
seiner ursprünglichen Untersuchung „den vollständigen Schluß"
gezogen[128].

Das Assoziationskonzept bietet gegenüber der Auffassung der
Wertung als Urteil zweifellos Vorteile, wenn es darum geht die These zu stützen, das Wertungen weder wahr noch falsch seien. In diesem Sinne kann man in der Tat von einem Fortschritt sprechen.
Zwar spricht die Art der Argumentation für die Annahme, daß
Hägerström auch nach 1911 kognitive Relevanz nur solchen Urteilen zuerkennt, die Anspruch auf faktische Wirklichkeit enthalten[129], vertritt man aber die Auffassung, daß Wertungen
überhaupt keine Urteile sondern Assoziationen seien, so wird
diese These, die zweifellos Einwendungen ausgesetzt ist, für die

127. Petersson, a.a.O. S. 55 Anm. und 57 Anm.
128. Selbstdarstellung S. 154.
129. In diesem Sinne heißt es z.B., daß mythologische Vorstellungen,
wenn sie nicht darauf ausgehen, die Wirklichkeit zu beschreiben, sondern
zu einer auf Gefühle abzielenden Poesie gehören, nicht als wahr oder falsch
beurteilt werden können. Nur wenn Mythologie als Beschreibung der Wirklichkeit auftrete, sei sie falsch. Denn nur dann glaube man, daß es wirklich etwas den Worten Entsprechendes gebe. — Primitiva rudimenter i modernt
föreställningssätt, a.a.O. S. 119.

Argumentation entbehrlich. Mit dem Urteilskonzept kann auch
der Gedanke fallen gelassen werden, daß für die Wertung die Vorstellung des Wertes bzw. des Gut- und Schlechtseins wesentlich
ist, und in der Tat schreibt Hägerström in der Selbstdarstellung
von 1929, erst 1917 habe er eingesehen, daß „die ganze Idee von
einem Werte, der zur Wirklichkeit des bewerteten Gegenstandes
gehören sollte", nichtig sei[130]. Kommt der Wertung Assozia-
tionscharakter zu, so ist sie nicht mehr auf die „Idee von einem
Werte" angewiesen und die Bedeutung der Worte „gut" und
„schlecht" kann nun darin gesehen werden, daß sie nach Art
der Interjektionen lediglich ausdrücken ohne etwas zu bezeichnen. Hägerström gelangt denn auch zur Auffassung, daß „das
Wort Wert nur ein Ausdruck für ein Gefühl oder Verlangen und
kein Ausdruck für einen Gedanken" ist[130]. Was Wertung heißt,
läßt sich nun ohne Rückgriff auf den Begriff des Guten definieren. Sofern Hägerström Wertung nicht mehr als Wertbewußtsein im eigentlichen Sinn des Wortes faßt, steht sein Konzept
auch nicht mehr den Einwänden offen, die sich aufgrund eines
solchen Verständnisses erheben lassen[131].

130. Selbstdarstellung S. 154.
131. Der Ausdruck „*värdemedvetande*" (Wertbewußtsein) kommt in den
„Kritischen Punkten" mehrfach vor, so u.a. S. 20, 60 und 74. Während der Wert,
um gegeben zu sein, „ein subjektives Verhältnis zur Sache" voraussetze, der
„baren Auffassung" und „rein intellektuellen Bestimmung" aber durchaus entgehe, können Wertungsakte unabhängig von Gefühlen und Interessen ausgemacht, festgestellt und analysiert werden. Die programmatische Antrittsvorlesung, die so entschieden den Gedanken einer Moralwissenschaft abweist,
die uns sagen könne, was wir tun sollen, bestimmt denn auch wissenschaft-
liche Moralphilosophie als „eine Wissenschaft von den faktischen moralischen
Wertungen" (S. 56). Kommt aber in dieser Wissenschaft Wertung als Wertbewußtsein in den Blick, so muß auch der Wert selbst der Wissenschaft zugänglich sein. Nur wenn der Wert etwas ist, was „rein intellektuell" aufgefaßt werden kann, ist es möglich, unabhängig von Gefühlen und Interessen zu bestimmen, daß er, um gegeben zu sein, ein „subjektives Verhältnis zur Sache"
voraussetzt. Den Wert selbst auf diese Weise zu bestimmen heißt zwar nicht,
eine Wertung zu vollziehen, wenn er aber in der Tat auch ohne emotionale
Stellungnahme gedacht und bestimmt werden kann, so ist nicht zu sehen,
warum es einer solchen durchaus bedürfen soll, um ihn Gegenständen zuschreiben zu können.

Hägerströms Argumentation von 1917 und später zeichnet sich durch den Gedanken aus, daß Sätze, die Wertungen ausdrücken und grammatisch als Aussagesätze zu klassifizieren sind, Wunsch- und Ausrufesätzen gleichgesetzt werden können und wie diese weder wahr noch falsch seien. Die These, daß Wertungssätze eigentlich dasselbe zum Ausdruck bringen wie Sätze, die keine Aussagen formulieren, wurde später von einer Reihe von Autoren in Skandinavien und — unabhängig von Hägerström — im angelsächsischen Sprachbereich vorgetragen[132] und ist nicht ohne Einfluß geblieben[133].

132. Im englischen Sprachbereich scheint als erster A.S. Duncan Jones eine ähnliche These vertreten und entsprechende Beispiele vorgelegt zu haben (im Druck greifbar in der Darstellung C.D. Broads im Rahmen des Aufsatzes „Is ”Goodness“ a Name of a simple Non-Natural Quality?“ in „Proceedings of the Aristotelian Society“ 1934, S. 250-253). Demnach gibt Duncan Jones zu bedenken, daß „a sentence, which is grammatically in the indicative mood, may really be in part interjectional or rhetorical or imperative“. Die Äußerung „That is good“ könne unter bestimmten Umständen mit „That's an act of self-sacrifice. Hurrah!“ äquivalent sein, also mit „a purely non-ethical sentence in the indicative, followed by a certain interjection“. J.O. Urmson zufolge rührt von diesem Beispiel und dem entsprechenden für negative Wertungen der Name „the boo-hurrah theory of ethics“ her, der in den dreißiger Jahren oft gebraucht worden sei (The Emotive Theory of Ethics. London 1968. S. 17). Weitere Übersetzungsvorschläge erscheinen bei so einflußreichen Autoren wie Rudolf Carnap und Bertrand Russell. Carnap schreibt in einem vielzitierten Passus seiner Schrift „Philosophy and Logical Syntax“ (1935), es sei „easy to see that it is merely a difference of formulation“, ob wir eine Norm aufstellen wie im Satz „Do not kill!“ oder ein value judgment wie in „Killing is evil“. In beiden Fällen handle es sich lediglich um „an expression of a certain wish“ und das value statement sei in Wirklichkeit nichts anderes als ein „command in a misleading grammatical form“ (S. 23 f.). Auch später setzt er wie selbstverständlich pure value statements dem Sinn nach pure optatives gleich, worunter er Sätze versteht, die „a wish, a proposal, a request, a demand, a command, a prohibition, a permission, a will, a decision, an approval, a disapproval, a preference, or the like“ ausdrücken, aber keine kognitive Komponente enthalten (The Philosophy of Rudolf Carnap. Ed. by Paul Arthur Schilpp. La Salle/Ill. 1963. S. 1001 und 1011). Russell vertritt in „Religion and Science“ (London 1935), S. 223-243, einen ähnlichen Standpunkt, wenn auch mit dem Unterschied, daß er damit lediglich seinen „personal belief, not the dictum of

Zustimmung oder Ablehnung wird davon abhängen, ob die Rede von der Ausdrucksfunktion des Satzes meint, daß er faktisch etwas ausdrückt, oder daß er gemäß den Regeln der Sprache, der er angehört, als Ausdruck für etwas gilt.

Als faktisch ausgedrückt muß all das Psychische gelten, was zur Artikulierung des Satzes in äußerer oder innerer Rede beiträgt und in irgendeiner Weise durch ihn zur Anzeige gebracht wird, so daß jemand, der ihn vernimmt, relevante Umstände und Gewohnheiten des Sprechenden kennt, Einblick in die der Rede zugrundeliegende „Bewußtseinslage" gewinnen kann.

science" wiedergeben will. Wenn jemand sage „this is good in itself" und es handle sich hier um eine Äußerung ethischer Art und nicht etwa um die Konstatierung eines Wunsches, so meine er in Wirklichkeit „Would that everybody desired this". Ein Satz dieser Art aber „makes no assertion, but expresses a wish" und es sei logically impossible, daß er wahr oder falsch sein könne. — In Schweden hat Ingemar Hedenius, Schüler Hägerströms und zweiter Nachfolger auf dessen Lehrstuhl in Uppsala, in der Schrift „Om rätt och moral" (1941, folgend zitiert nach der zweiten Auflage, 1965, S. 16f. und 22) den Faden aufgenommen. Ihm zufolge „können wir uns denken", daß die „Seelenlage" (själsläge), die zum Ausdruck komme, wenn wir etwa von einem Verräter sagen „Ack, om någon sköt honom!" (Ach, wenn ihn doch jemand erschösse!), auch durch einen Indikativsatz wie „Det är bra om han skjutes" (Es ist gut, wenn er erschossen wird) ausgedrückt werden könne. Da der nicht-indikativische Ausrufesatz keine Behauptung oder Annahme zum Ausdruck bringe, sei es möglich, daß auch der ihm entsprechende Indikativsatz nichts derartiges ausdrücke, und dann sei er weder wahr noch falsch. Einen regelrechten Beweis dieser These will Hedenius darin jedoch nicht sehen.

133. Dies zeigt nicht zuletzt die Behandlung in Lehrbüchern für den Philosophieunterricht an den schwedischen Gymnasien. Einer der Autoren, Anders Jeffner, führt um das Gemeinte plausibel zu machen folgendes realistische Beispiel an: Herr P und Frl. Q warten auf eine Nachricht von der Wohnungsvermittlung. Als dann mit der Post ein günstiger Bescheid eintrifft, wirft Frl. Q das Schreiben in die Luft und ruft: „Hurra!". Herr P dagegen reagiert ruhiger und sagt lediglich: „Das ist ja wirklich schön, daß man so ein Angebot bekommt". Herrn Ps Äußerung, kommentiert das Lehrbuch, sei grammatisch gesehen eine Behauptung, habe aber dieselbe Funktion wie der Ausruf von Frl. Q: in beiden Fällen handle es sich darum, dem Gefühl der Freude über den günstigen Bescheid Ausdruck zu verleihen. — Per Ericson, Hans Hof, Anders Jeffner: Filosofi för gymnasiet (Stockholm 1970), S. 143.

Fassen wir in diesem Sinne den Satz als Ausdruck, so dürfte die Gleichsetzung, die Hägerström vornimmt, kaum Anlaß zu
Kontroversen bieten. Auch wer Wertungen als kognitive Akte
versteht, wird zugeben können, daß der sprachliche Ausdruck
auch Wünsche und Gefühle anzeigt und die zugrundeliegende Bewußtseinslage als Ganzes gesehen eher als Komplex verschiedener und verschiedenartiger Akte und nicht etwa lediglich als
Vollzug einer Beurteilung zu kennzeichnen ist. Er wird allenfalls darauf bestehen, daß der eine wie der andere der beiden
einander gleichzustellenden Sätze nebst Gefühlen und anderen
psychischen Akten auch den einer Auffassung bestimmter Art
zum Ausdruck bringt, nämlich genau den, den er als Wertung
versteht. Ob diese „kognitivistische" Deutung zutrifft, ist natürlich ein Problem, aber ein solches, zu dessen Lösung das Faktum der Gleichwertigkeit und Austauschbarkeit der sprachlichen
Äußerungen nichts beiträgt.

Die Rede von dem, was ein Satz ausdrückt, kann aber auch
auf das abzielen und nur das in Betracht ziehen, als dessen Ausdruck Vokabular und Grammatik der betreffenden Sprache ihn
festlegen.

Dies deckt sich nicht oder nicht völlig mit dem, was er
faktisch ausdrückt. Auch wenn sich jemand in einer Sprache
äußert, die ihm vertraut ist, und nicht etwa Worte eines ihm
fremden Idioms wiederholt ohne deren Bedeutung zu kennen,
so ist es dennoch möglich, daß er Worte und sprachliche Formen nicht den Regeln des Sprachsystems gemäß gebraucht, obwohl er diese kennt und ihrer auch eingedenk ist. Wir sagen
dann, daß er uns etwas vormacht, oder gar, daß er lügt. Unterscheidet die Grammatik einer Sprache zwischen Aussage-, Wunsch-
und Ausrufesätzen, so bezieht sie sprachliche Formen auf bestimmte psychische Gehalte und weist den Sätzen spezifische Ausdrucksfunktionen zu, die ihnen dann zu eigen sind unabhängig davon, ob
mit der faktischen Artikulierung in der Tat die Realität des entsprechenden psychischen Gehalts verbunden ist. Wunschsätze können gebildet, ohne daß der Sprechende wirklich wünscht, Behauptungssätze können ausgesprochen werden, ohne daß er wirklich
behauptet, was er sagt, dennoch behalten sie ihren grammatisch

festgelegten Ausdruckswert. – Aber auch bei Sätzen, deren Artikulierung in der Tat die Realität dessen anzeigt, wofür sie gemäß den Regeln der Sprache als Ausdruck stehen, deckt sich der grammatisch fixierte Gehalt nicht mit dem, was faktisch ausgedrückt wird, sondern stellt nur einen Ausschnitt aus demselben dar. Denn auch für psychische Akte, die mit dem förmlich ausgedrückten in Zusammenhang stehen, muß die sprachliche Äußerung als faktischer Ausdruck gelten. Obwohl der Wunschsatz grammatisch lediglich als Ausdruck eines Wunsches, der Behauptungssatz lediglich als Ausdruck einer Behauptung bestimmt und festgelegt ist, so kann doch, wer den Sprechenden und die Situation, in der er sich äußert, zur Genüge kennt, hinter einem Satz wie „Es zieht" einen Wunsch und hinter dem Satz „Möchten Sie bitte das Fenster schließen!" die Feststellung einer Tatsache sehen.

Gilt es genau zu bestimmen, worin der grammatisch fixierte Gehalt eines Satzes besteht, und ihn von dem zu unterscheiden, was mit ihm zusammenhängt und nur mittelbar ausgedrückt wird, so sind alle Kenntnisse psychologischer Art, alles was sich auf die Person des Sprechenden bezieht und auf die Situation, in der er sich befindet, durchaus beiseite zu lassen. Relevant ist hier lediglich die Bedeutung, die das Sprachbewußtsein den einzelnen Worten wie den grammatischen Formen zuweist.

Der Unterschied zwischen dem, was rein grammatisch und unmittelbar, und dem, was lediglich in einem weiteren Sinne und indirekt ausgedrückt wird, gestattet es, auch auf der Basis einer kognitivistischen Deutung der Wertungssätze deren Nähe zu Wunsch- und Ausrufesätzen zu erklären und in Hägerströms These von der Gleichheit der Bedeutung ein Wahrheitsmoment zu sehen. Was dieser Deutung zufolge in jenen Sätzen unmittelbar zum Ausdruck gebracht wird, sind zwar rein kognitive Akte, in denen etwas als gut oder als schlecht aufgefaßt wird, aber damit ist noch Anderes verbunden – Wünsche, lebhafte Gemütsbewegungen, Forderungen – und auch dies wird faktisch mit ausgedrückt. In unmittelbarer Weise werden diese Akte durch Sätze anderer Art, durch Wunsch-, Ausrufe- und Forderungssätze, ausgedrückt, und auch diese Sätze können u.U. als Ausdruck für Wertungen angesehen werden. Ist es so, daß jeder der beiden Sätze, die Hägerström miteinander konfrontiert, indirekt den grammatisch fixierten Gehalt des jeweils anderen mit ausdrückt, mag die Gleichsetzung, die er vornimmt, in gewisser Weise berechtigt sein.

Dabei ist in Rechnung zu stellen, daß sowohl die Frage nach der Art des Psychischen, das in einem dem Lautbestand nach gekennzeichneten Satz zum Ausdruck kommt, wie die, ob bestimmte Sätze dasselbe ausdrücken, durchaus auf Verhältnisse faktischer Art abzielt, einerlei ob man die Rede vom Satz als Ausdruck in der einen oder in der anderen Bedeutung versteht. Auch die Tatsache, daß dergleichen Erörterungen unter dem Titel logischer und philosophischer Untersuchungen geführt werden, darf nicht darüber hinwegtäuschen, daß es hier nicht um apriorische Einsichten geht, sondern um Erfassen und Konstatieren dessen, was der Fall ist. Auch wer darangeht, dieses — psychologische oder linguistische — Faktum methodisch zu ermitteln und zu erhärten, wird nicht ohne Prämissen auskommen, die einfach feststellen, daß es sich eben so oder so verhält, und gegenüber derartigen bloß konstatierenden Aussagen ist es prinzipiell immer möglich, ohne inneren Widerspruch die entgegengesetzte Position zu vertreten.

Zwei kritische Überlegungen

a. Wirklichkeit und Urteil

Die These der Wahrheitsindifferenz von Wertungen stützt Hägerström auf eine bestimmte Auffassung dessen, was allein wahr oder falsch sein kann. Das Spezifische seiner Auffassung zeigt sich in dem, was er zum theoretischen Urteil ausführt. Festzuhalten ist zunächst, daß der Ausdruck „Urteil" (*omdöme*) hier psychische Akte meint und nicht etwa gedankliche Inhalte, die entstehen, wenn etwas denkend aufgefaßt und als so oder so seiend bestimmt wird. Zwar spricht Hägerström auch von Inhalten, diese aber sind ihm mit den gedachten und gewußten Gegenständen identisch. Für die Argumentation der Antrittsvorlesung wie für das „*bör-vara*"-Argument von 1917 ist nun entscheidend, daß Hägerström, wie er in der „Selbstdarstellung" ausdrücklich erklärt, „alle Versuche, das Urteil ohne Berücksichtigung der Wirklichkeit zu bestimmen", verwirft[134]. Dementsprechend ist ihm der Urteil genannte Akt „eine Auffassung irgendeiner Sache als real"[135], „eine Vorstellung von etwas mit diesem oder jenem Charakter als wirklich" (*en föreställning om ngt med den eller den karaktären som verkligt*)[136], „Bewußtsein der Realität von etwas"[137]. „Wirklichkeitsbewußtsein"[138]. Denn „wie sollte ich überhaupt ein Urteil über etwas fällen können ohne zu denken, daß dieses in der Wirklichkeit sich auf bestimmte Weise verhält?" (*hur skulle jag överhuvud kunna fälla ett omdöme om ngt utan att tänka detta i verkligheten förhålla sig på visst sätt?*)[139]. Ausdrücklich wird bestimmt, daß „zwischen der einfachen Vorstellung, z.B. vom runden Tisch, und der Urteilsvorstellung, z.B. der Tisch ist rund,

134. S. 118.
135. ebd. S. 117.
136. Analys av fråge-, utrops- och önskesatser (1922). Manuskript 6:1, S. 13.
137. Selbstdarstellung S. 118.
138. ebd. S. 123.
139. Moral och världsåskådning (1921). Manuskript 11:4, S. 39f.

kein anderer Unterschied besteht als daß im ersten Fall die Wirklichkeitsvorstellung fehlt" (*ingen annan åtskillnad råder mellan den enkla föreställningen, ex. om det runda bordet, och omdömesföreställningen, ex, bordet är runt, än att i förra fallet fattas verklighetsföreställningen*)[140]. Dennoch scheint der Schluß, den Bo Petersson zieht, nämlich daß nach Hägerström dem Urteil ein spezifischer Inhalt eigen sei[141], dem Sinn dieser Äußerungen nicht gerecht zu werden. Da nämlich die Wirklichkeit einer Sache Hägerström durchaus nicht als eine Bestimmung gilt, die dieser zukomme[142], wird man schwerlich sagen können, daß der Urteilsinhalt über das hinaus, was bereits in der bloßen Vorstellung gegeben ist, ein besonderes Element enthalte. Näher liegt die Annahme, daß Hägerström das Spezifische des Urteils in der Beschaffenheit des Aktes selbst sieht. Das Gemeinte läßt sich dann am ehesten als Wirklichkeitsbehauptung kennzeichnen und vom durchaus neutralen Gedanken, in dem etwas zwar auch als wirklich seiend gedacht, nicht aber behauptet wird, unterscheiden[143]. Freilich müssen wir dann den Begriff der Behauptung so weit fassen, daß wir ihn auch dann noch anwenden können, wenn der Grad der Überzeugung gering und der Wille, an der angenommenen Auffassung festzuhalten, nur schwach ist, dem Wort also die pathetische Färbung abgeht, die ihm gewöhnlich anhaftet. In dem so verstandenen Urteilsakt wird nun – und dies gilt für das positive

140. Analys av fråge-, utrops- och önskesatser, S. 29.

141. Bo Petersson, S. 46f.

142. In der Vorlesungsserie „Analys av fråge-, utrops- och önskesatser" legt Hägerström folgendes Argument vor: Wäre Wirklichkeit eine Bestimmung des wirklich seienden Gegenstands, so müßte, da jede Bestimmung eines Gegenstands zugleich den übrigen Bestimmungen desselben zukomme, die Wirklichkeit eines viereckigen Tisches selbst etwas Viereckiges und Wirkliches sein. Dies aber sei unmöglich. – S. 7f.

143. Phalén spricht von „einer gewissen Urteilsauffassung" (*en viss omdömesuppfattning*), die ich habe, wenn ich einen anderen ein Urteil aussprechen höre, ohne daß ich zustimme oder ablehne (Om omdömet. In: Festkrift tillägnad Hans Larsson den 18 februari 1927, S. 164), Hedenius von „vollkommen neutralem Erfassen eines Sachverhalts" und „neutralen Gedanken an etwas Wahres oder Falsches" (Überzeugung und Urteil. *Theoria* X/1944, S. 123f.).

wie für das negative Urteil — von etwas behauptet, daß es wirklich und d.h. nach Hägerström daß es etwas Bestimmtes, also von allem anderen unterschieden mit sich selbst Identisches ist[144]. Denn „Realität bedeutet dasselbe wie B e s t i m m t h e i t („Selbstidentität")" (*Realitet betyder detsamma som b e s t ä m d h e t* (*"självidentitet"*))[145]. Nachdem nur das, was auf irgendeine Weise und sei es lediglich als Inhalt in einem Bewußtsein der „Erfahrungswelt in Raum und Zeit"[146] angehört bzw. diese Welt selbst ist, als etwas Bestimmtes und Wirkliches gilt, impliziert für Hägerström der Urteilsakt die Behauptung, daß das beurteilte und als wirklich seiend gesetzte Etwas, wenn es nicht die Erfahrungswelt als Ganzes genommen selbst ist, in dieser einen Ort hat[147]. Der Unterschied zwischen dem negativen und dem positiven Urteil besteht nach Hägerström lediglich darin, daß im negativen Urteil von etwas behauptet wird, daß es nur als etwas Vorgestelltes wirklich ist, während „umgekehrt die Bejahung in einem Urteil das Bewußtsein davon bedeutet, daß in dem in toto als wirklich Aufgefaßten der betreffende Vorstellungsinhalt nicht

144. Nach Bo Petersson hat es den Anschein, daß Hägerström zwischen zwei verschiedenen Urteilsbegriffen schwankt: als Urteile gelten einmal alle Vorstellungen, in denen etwas als wirklich im Sinne von bestimmt und mit sich identisch gedacht, zum anderen aber nur solche, in denen etwas als objektiv wirklich, also dem Gesamtzusammenhang in Raum und Zeit nicht oder nicht nur als Inhalt in einem Bewußtsein angehörend gesetzt wird (S. 47f.). – Hägerströms Ausführungen und Beispiele – auch die auf S. 117 der Selbstdarstellung, worauf Petersson hinweist – deuten aber eher darauf hin, daß das Urteil stets als Behauptung von etwas als wirklich im Sinne von bestimmt gedacht wird, wobei als nähere Angabe hinzutreten kann, daß der Gegenstand nicht „nur eine Phantasie in mir" ist (Selbstdarstellung S. 117). Betrachtet man dann lediglich die generelle Behauptung, die ja auch das Wesentliche des Urteils ausmachen soll, und setzt dabei in Rechnung, daß nach Hägerström jedes Urteil einen mit sich identischen Inhalt besitzt — widersprüchige Sätze formulieren keine Urteile — wird klar, warum Hägerström hat sagen können, daß „an sich jedes Urteil wahr ist" (Selbstdarstellung S. 127).

145. Artikel „Hägerström", a.a.O. S. 89. Sperrung im Text.

146. Selbstdarstellung S. 132.

147. Zu Hägerströms Lehre vom Wirklichen s. Konrad Marc-Wogau: Die Ontologie Axel Hägerströms. In: Jenseits von Sein und Nichtsein. Beiträge zur Meinong-Forschung. Graz 1972. S. 47-54.

nur in der Vorstellung vorkommt, sondern auch in dem Komplex, zu dem diese gehört", d.h. der Inhalt wird in der Weise dem Ganzen der „Erfahrungswelt in Raum und Zeit" eingeordnet, daß er als außer und neben dem psychischen Akt des Vorstellens wirklich seiend behauptet wird[148].

Will man sich mit dieser Lehre vom Urteil auseinandersetzen, so kann man zunächst darauf hinweisen, daß ohne Widerspruch gedacht und vorgestellt werden kann, was nicht wirklich ist, z.B. mythische Wesen und Personen, von denen die Dichtung spricht. Diesen kommt nicht etwa innerhalb einer besonderen Sphäre oder lediglich als Gegebenheiten des vorstellenden Bewußtseins, sondern durchaus nicht Wirklichkeit zu. Wären sie wirklich, müßten sie durchgängig bestimmt sein, d.h. hinsichtlich einer jeden möglichen Bestimmtheit müßte gelten, daß sie ihnen entweder zukomme oder nicht zukomme. Von diesen Wesen und Personen indes ist nur bekannt, was die Sage oder der Dichter von ihnen berichtet, und daraus läßt sich hinsichtlich vieler — für den poetischen Zweck freilich belangloser — Einzelheiten durchaus nichts entnehmen. Von Faust z.B. erfahren wir aus dem Gedicht Goethes nichts über die Farbe seiner Augen noch über sein Alter. Auch vom wirklichen Dr. Johann Faust, der Berichten zufolge im 16. Jahrhundert gelebt hat, können wir dergleichen vielleicht nicht mehr in Erfahrung bringen. Aber von diesem Faust läßt sich mit Bestimmtheit sagen, daß er das achtzigste Lebensjahr überschritten hat als er starb, oder daß dies nicht der Fall ist, daß er braune Augen hatte oder daß er keine braunen Augen hatte, und daß wir dies bloß nicht wissen. Bei Goethes Faust dagegen, für den nur gilt, was der Dichter ihm zuschreibt, müssen wir sagen, daß für ihn weder das eine noch das andere zutrifft. Dies aber kann unmöglich der Fall

---

148. Selbstdarstellung S. 120. Ähnlich die Selbstcharakteristik in Alf Ahlbergs Lexikon (S. 89): die Verneinung eines Satzes besteht in „der Annahme, daß es dessen Inhalt bloß als vorgestellten gibt" (*antagandet, att dess innehåll finns blott som föreställt*). Die darüber hinausgehenden Reflexionen der Vorlesungsserie „Moral och världsåskådning" von 1921 (S. 134-138 in dem von Martin Fries herausgegebenen Band „Moralpsykologi") hat Hägerström in seinen Publikationen nicht aufgenommen.

sein, handelte es sich um jemanden, der wirklich gelebt hat. Ein
Faust, der wirklich ist, ist stets ein Mensch in Fleisch und Blut
und niemals lediglich Gegenstand des poetischen Bewußtseins.

Es läßt sich aber nicht nur etwas denken, was nicht wirklich ist,
es läßt sich auch beurteilen und die Urteile können wahr sein. Wahr
ist zunächst das negative Urteil, das ihm Wirklichsein abspricht. Wahr
sind aber auch positive Urteile, etwa dies, daß es gedacht wird.
Aber weder das negative noch das positive Urteil könnten wahr
sein, gälte daß „in jedem Urteil die R e a l i t ä t dessen angenommen wird, worüber man urteilt" (I varje omdöme antages r e a -
l i t e t e n av det, varom man dömer)[149].

Wird etwas als so oder so seiend oder als nicht so seiend aufgefaßt, macht man sich ein Bild von dem, was man auffaßt und sich
vorstellt. Ist dieses Bild dem Aufgefaßten adäquat, sagen wir, es sei
wahr, weicht es von ihm ab, was freilich niemals uneingeschränkt
sondern immer nur rücksichtlich einzelner Bestimmungen und in gewissem Ausmaße der Fall ist, sagen wir, es sei falsch. Bei den psychischen Akten des Auffassens und Sichvorstellens dagegen sprechen
wir eher davon, daß sie richtig und korrekt sind oder daß sie dies
nicht sind. Eine Auffassung ist richtig und das durch sie gesetzte und
festgehaltene Bild ist wahr unabhängig davon, ob sie mit der Behauptung verbunden sind, daß es sich mit der Sache wirklich so
verhält. Auch ein Auffassen und Sichvorstellen ohne behauptendes
Stellungnehmen ist richtig oder unrichtig. Ein Irrtum freilich liegt
nur dann vor, wenn Falsches nicht nur gedacht, sondern auch behauptet wird, und Entsprechendes gilt für Einsicht und Erkenntnis.
Dies mag erklären, warum gewöhnlich nur in Zusammenhang mit
Behauptungen von Wahr und Falsch die Rede ist[150].

Behauptungen können aufgestellt, in denen nicht Wirklichkeit behauptet, und in Urteilen Dinge bestimmt werden, die nicht
wirklich sind. Zwar kann jedem Satz vom Schema „S ist P" ein
„wirklich" eingefügt oder ein „Es ist wirklich so, daß" vorange-

---

149. Artikel „Hägerström", a.a.O. S. 89. Sperrung im Text.
150. Vgl. Adolf Phalén: Obwohl jedes Urteil wahr oder falsch ist, erscheint eine Beurteilung in dieser Hinsicht nur dann als angebracht, wenn mit
ihm eine wahre Auffassung realisiert werden soll (Om omdömet, a.a.O. S. 166).

stellt werden, ohne daß damit die Aussage eine Modifikation erführe, aber dies besagt keineswegs, daß in jedem Satz von dem Gegenstand, der dem „S" des Schemas entspricht, behauptet würde,
daß er etwas Wirkliches sei. Dies geht schon daraus hervor, daß
derartige Ein- und Anfügungen ohne weiteres auch an Sätzen
vorgenommen werden können, die negative Existenzialurteile formulieren und in denen etwas nicht etwa nur als innerhalb einer bestimmten Sphäre, sondern als durchaus nicht wirklich seiend gedacht wird. Die Bedeutungsnuance, die durch die An- bzw. Einfügung zustandekommt, scheint lediglich darin zu bestehen, daß
eine Auffassung gegenüber Zweifel und Ablehnung bekräftigt wird:
es ist nicht so, daß die Sache sich so oder so lediglich zu verhalten scheint, sie wird als sich so verhaltend nicht etwa nur vorgestellt und gedacht, sondern sie verhält sich wirklich so. — Bejahen-
de Urteile können zwar nur dann wahr sein, wenn sie Gegenständen gelten, die irgendeine positive Bestimmtheit aufweisen, mithin also etwas sind und nicht nichts — in diesem Sinne also trifft
in der Tat zu, daß über „das reine Nichts" nicht geurteilt werden
kann[151] — dies aber bedeutet keineswegs, wie Hägerström zugleich
annimmt, daß es sich durchaus um wirkliche Dinge handeln müsse[152].

151. Selbstdarstellung S. 120.

152. Anders Wedberg hat in seiner Kritik von Hägerströms „bör vara"
— Argument geltend gemacht, daß sich auch über unwirkliche Gegenstände
wahre Urteile fällen lassen. Das Urteil, daß die Winkelsumme eines Dreiecks
stets 180° betrage, sei auch dann wahr, wenn ein dem Begriff des Dreiecks
genau entsprechender Gegenstand niemals in der Wirklichkeit vorkommen
sollte. Auch unwirkliche Gegenstände seien „etwas Bestimmtes" (något visst)
und nicht alle Urteile Existenzurteile. Aus der Existenz des Bewußtseins von
A folge keineswegs, daß auch A existiere (Den logiska strukturen hos Boströms
filosofi (1937), S. 123 und 199; Svar på Martin Fries' anmärkningar. Theoria
IV/1938, S. 283 und 287).

b. Wertung und „subjektive" Stellungnahme

Hägerström geht bei der Bestimmung des Begriffs der „primären Wertung" in den „Kritischen Punkten" davon aus, daß zur Wertung stets ein „subjektives Element", ein Gefühl oder ein Begehren gehört. Auch in anderen Schriften hat er immer wieder hervorgehoben, daß ohne ein derartiges Element die Auffassung eines Objekts niemals den Charakter einer Wertung annehmen könne[153]. Im Zuge der weiteren Entfaltung des Wertungsbegriffs bestimmt er dann das „subjektive Element" als ein Gefühl der Lust oder Unlust und die Wertung selbst als einen Akt, in dem dieses Gefühl mit der Vorstellung des Objekts verknüpft werde. Damit hat sich Hägerström auf einen Begriff der Wertung festgelegt, der keineswegs logisch notwendige Konsequenz des Ausgangspunktes ist, sondern nur eines der möglichen Konzepte, die auf dieser Grundlage entwickelt werden können.

Die Vorstellung, daß es zu „einer eigentümlichen Verbindung einer subjektiven Stellung zum Objekt und einer Auffassung desselben" (*en egendomlig förbindelse af en subjektiv position till objektet och en uppfattning af det samma*)[154] kommt, wenn gewertet wird, erlaubt durchaus, auch solche Auffassungen als Wertungen zu verstehen, die von Gefühlen und Interessen unabhängig und unberührt sind, aber unmittelbar und unwillkürlich einen Willensimpuls für (oder gegen) das Sein des gewerteten Objekts hervorrufen. Der Begriff der Wertung läßt sich nämlich auch so bestimmen, daß in ihm eine solche Auffassung des Objekts gedacht wird, welche unweigerlich eine Ausrichtung des Wollens auf die-

153. Bereits in der Besprechung des Buches „Gut und Böse" des Norwegers Kristian Birch-Reichenwald Aars schreibt Hägerström, man brauche nicht bestreiten, daß das Gefühl „eine wesentliche Seite im Bewußtsein vom Wert" (*en väsentlig sida i medvetandet om värdet*) sei (I moralpsykologiska frågor. *Psyke* 1907. S. 283) und noch in einer der letzten Äußerungen zum Thema, nämlich im Aufsatz „Om primitiva rudimenter i modernt föreställningssätt" (1935/36), heißt es, die Annahme, daß ein Gegenstand einen wirklichen Wert besitze, sei unmöglich, wenn nicht in ihr mit der Vorstellung des Gegenstands ein Gefühl der Lust verknüpft sei (Socialfilosofiska uppsatser, S. 123).

154. Kritiska punkter i värdepsykologien, S. 74.

ses Objekt herbeiführt[155]. Da die Wertung nicht selbst ein Akt des Wollens ist, sondern lediglich einen solchen hervorruft, wird der Widerspruch vermieden, den der Hägerströmschüler Alf Ross im Begriff der normativen Erkenntnis ausgemacht zu haben meint, nämlich daß in ihm etwas zugleich als Erkenntnis und als kategorische Forderung gedacht werde[156].

Haben wir dem Gedanken der notwendigen Verknüpfung mit einem „subjektiven Element" dadurch Rechnung getragen, daß wir dieses als den Willensimpuls fassen, den die Wertung unwillkürlich nach sich zieht, können wir auf die Vorstellung verzichten, daß die Wertung stets ein Gefühl der Lust oder Unlust in sich schließe. Das Phänomen der ungern vorgenommenen Handlung scheint ohnehin zu zeigen, daß etwas als gut aufgefaßt werden kann, ohne daß damit eine Lustempfindung verknüpft sein muß, und was das Gefühl lebhafter Freude betrifft, so handelt es sich hier gewiß nicht um ein Moment der Wertung selbst, sondern lediglich um eine Folge derselben, und zwar um eine solche, die im Gegensatz zur Ausrichtung des Willens nur mittelbar und unter bestimmten Umständen eintritt, nämlich nur dann, wenn uns gewiß wird, daß das von uns Geschätzte wirklich ist oder die Verwirklichung bevorsteht, und

155. Manfred Moritz meint kritisch zur Auffassung, daß Wertsätze Gegenständen Qualitäten eigener Art zuschreiben, es wäre sonderbar, wenn es eine Eigenschaft wie die behauptete Werteigenschaft „gut zu sein" gäbe, für die gelte, daß ihr gegenüber die Menschen stets auf dieselbe Weise, nämlich mit einem „Mögen" (att tycka bra om) reagieren. Dies wäre wirklich einzigartig, denn allen anderen Eigenschaften gegenüber reagieren sie verschieden (Inledning i värdeteori. 1967. S. 39). — Letzteres ist indes keineswegs der Fall. Es ist z.B. durchaus unmöglich, der eigenen gegenwärtigen Lustempfindung gegenüber eine positive Einstellung, ein „Mögen", zu vermeiden. Ebensowenig wird der Mensch, wenn es um ihn selbst geht und um das, was ihm eigen ist, eine durchaus neutrale oder gar negative Einstellung einnehmen können. Auch das, was man Selbsthaß nennt, bringt dieses Mögen nicht völlig zum Verlöschen.

156. Alf Ross, On the Logical Nature of Propositions of Value. *Theoria* XI/1945. S. 206f. — Aus demselben Grunde bedeutet die Möglichkeit normativer Ethik auch keineswegs, wie Ross meint, daß man dem Lügen die Qualität der Abscheulichkeit zuschreiben und zugleich ohne die geringste Inkonsistenz lügen könne (ebd. S. 204).

es mögen noch weitere Umstände hinzukommen, etwa daß diese Wirklichkeit uns nicht selbstverständlich ist und wir nicht meinten, sie ohne weiteres erwarten zu können, ja daß sie uns gewissermaßen überrascht[157].

Wenn Hägerström das „subjektive Element" der Wertung nicht als ein Begehren, sondern als ein Gefühl der Lust oder Unlust bestimmt, so deshalb, weil das Begehren seiner Meinung nach sich „bloß auf die Wirklichkeit dessen, was nicht ist" (*blott på verkligheten af det, som icke är*)[158] richtet. Da wir aber auch „die faktische Existenz von etwas" (*den faktiska existensen af något*)[159] zum Gegenstand unserer Wertungen machen können − Hägerström weist hier ausdrücklich auf den Bereich des Ästhetischen hin − könne es nicht zum Wesen der Wertung gehören, ein Moment des Begehrens in sich zu schließen[160] oder, wie wir hin-

---

157. Hägerström hat sich später veranlaßt gesehen, die These der Gefühlsbeteiligung auf die Wertung konkreter Objekte einzuschränken. Die Vorstellung abstrakter Eigenschaften tauge nicht als Unterlage für Gefühle, heißt es in den Vorlesungen zur Moralpsychologie von 1917, die Vorstellung eines guten Menschen könne uns wohl erwärmen, nicht aber der „bloße Gedanke" einer bestimmten Eigenschaft. Wo, wie in den moralischen Regeln, Wertungen abstrakter Eigenschaften vorliegen, sei die Vorstellung des gewerteten Objekts nicht mit einem Gefühl, sondern mit einem sprachlichen Ausdruck verknüpft. Da es sich bei diesem gleichwohl um einen Gefühlsausdruck handle, rufe die Vorstellung einer mit der gewerteten Eigenschaft begabten Person ein wirkliches Gefühl hervor und führe zu emotionaler Stellungnahme. − Zu Hägerströms Theorie der „sekundären Wertungen abstrakter Objekte" vgl. Bo Petersson, a.a.O. S. 151-162.

158. Kritische Punkte S. 54.

159. ebd. S. 59.

160. Nach eigenen Angaben hat Hägerström dieses Argument von Meinong übernommen. Dieser wendet sich in den „Psychologisch-ethischen Untersuchungen zur Werth-Theorie" (1894) gegen Ehrenfels' „Begehrdefinition des Wertes", denn „ich kann nicht begehren, was schon da ist, sondern nur etwas, sofern es nicht da ist" (S. 15f.). − Das Pflichtbewußtsein zeichnet sich nach Hägerström dadurch aus, daß man sich zu einem bestimmten Handeln getrieben fühle, aber hier liege auch „keine eigentliche Wertung" (*icke någon egentlig värdering*) vor. Bei Wertungen nämlich sei ein Gefühl der Lust oder Unlust beteiligt, während es sich hier vielmehr um „ein Gefühl direkten Zwanges auf den Willen" (*en känsla av direkt tvång på viljan*)

zufügen können, mit sich zu führen. Zu diesem Resultat gelangt Hägerström, weil er die Begehrintention in einer Weise bestimmt und einengt, die verständlich wird, wenn man Begehren lediglich als Realisierenwollen und Handlungsantrieb versteht.

Wenn wir dagegen vom Willensimpuls sprechen, den die Wertung unwillkürlich hervorruft, so meinen wir ein nicht-kognitives Sichausrichten des wertenden Subjekts auf das Sein dessen hin, was als gut oder schlecht aufgefaßt wird. Dieses Sichausrichten wird nur unter Umständen zum Handlungsantrieb, etwa dann, wenn wir meinen, daß dem Intendierten und positiv Gewerteten faktische Existenz abgeht und wir sie ihm durch unser Handeln verschaffen können. Obgleich das Wollen sich nur auf etwas richten kann, was im Bewußtsein gegenwärtig ist, so ist sein Charakter doch in dem Sinne nicht kognitiv, als es selbst niemals ein Auffassen oder Vorstellen ist. Willensintentionen treten ein, ohne daß der Mensch sich dessen bewußt zu sein braucht und er ist sich dessen auch meistens nicht bewußt[161]. Daß er an etwas hängt und auf es nicht verzichten will, geht ihm oft erst dann auf, wenn er dabei ist, es zu verlieren. Überhaupt lassen sich Willenseinstellungen eher aus ihren Äußerungen erschließen, als daß sie dem Bewußtsein unmittelbar gegenwärtig sind. Zu diesen Äußerungen gehört nicht immer eine Handlung, durch die etwas ins Werk gesetzt werden soll, son-

handle. – Vorlesungsserie „Moralpsykologi" (1917), publiziert in: Moralpsykologi, a.a.O. S. 30f.

161. Hägerström dagegen sieht im Willensimpuls (*viljeimpuls*) einen Gefühlsinhalt und damit nicht einen psychischen Akt eigener Art, sondern etwas, was nur im Erleben, nur als Bewußtseinsgegebenheit, real ist. Denn als Gefühlsinhalt müsse gelten, was nur dadurch als real gesetzt und einem größeren Ganzen eingegliedert werden könne, wenn es einem Ich „intrajiziert" werde, und dies sei beim Wollen der Fall: stelle man sich ein Wollen als wirklich vor, dann auch ein Ich, welches wolle (Till fråganom den objektiva rättens begrepp, S. 47f.). – Offenkundig spricht Hägerström hier aus der Perspektive eines Bewußtseins, das er anderweitig als metaphysisch kennzeichnet: nur für ein solches kann es ein Ich geben, nur einem solchen können Erlebnisinhalte als Bestimmungen eines Ich gelten. Aber im Sinne einer derartigen Betrachtungsweise gilt auch für Akte des Vorstellens, daß sie dem Wirklichkeitszusammenhang nur als dem Ich immanente Bestimmungen eingegliedert werden können. Diese aber versteht Hägerström keineswegs als Gefühlsinhalte und bare Bewußtseinsgegebenheiten.

dern mitunter auch das Verweilen in der Betrachtung dessen, was man schätzt.

Alternativ zu Hägerströms Auffassung läßt sich also die Wertung als ein Akt denken, der weder ein Interesse voraussetzt, noch den Charakter einer emotionalen Stellungnahme besitzt, sondern als „rein intellektuelle Funktion" getätigt werden kann und dadurch, daß ihm eine Ausrichtung des Wollens auf dem Fuß folgt, genau den Punkt des Übergangs von der indifferenten zur interessierten und u.U. engagierten Einstellung markiert. Lediglich als Folgen sind mit diesem Akt emotionale Stellungnahmen von der Art verknüpft, daß ich mich über etwas freue oder unter etwas leide.

Mit der These, daß die primäre Wertung ein emotionales Element enthält, bringt Hägerström in den „Kritischen Punkten" zur Sprache, wodurch sich diejenigen psychischen Akte, die er als Wertungen versteht, von anderen Objektauffassungen unterscheiden. Da diese These Resultat eines Vergleichs ist, in dem das Sein der miteinander verglichenen Akte nur soweit in Betracht gezogen wurde, als ihnen diejenigen Eigenschaften zukommen, aufgrund deren Hägerström sie „primäre Wertung" (*primär värdering*) bzw. „Werturteil" (*värdeomdöme*) und „bare Objektauffassung" (*blott objektuppfattning*) nennt, läßt sie sich anhand von Wahrnehmungen und Beobachtungen weder bestätigen noch widerlegen. Kritik ist nur in dem Sinn möglich, daß man zu zeigen versucht, daß dem „Wertung" genannten Etwas Bestimmungen zugedacht werden, die sich miteinander nicht vereinbaren lassen, Hägerströms Begriff der Wertung also in sich widersprüchig ist. Ist dieser Begriff aber in sich widerspruchsfrei, so wird in ihm wirklich ein einheitliches Etwas gedacht und es steht Hägerström frei, dieses Etwas „Wertung" zu nennen, auch wenn dies nicht in Einklang mit dem üblichen Sprachgebrauch stehen sollte. — Freilich kann man die Bedeutung dieses Ausdrucks auch anders festlegen, etwa so, daß er eine rein intellektuelle Auffassung bezeichnet, der ein Willensimpuls unmittelbar und unwillkürlich folgt, und auch in diesem Fall ist Kritik nur als Aufweis von Widersprüchen möglich. Eine derartige Kritik liegt in den „Kritischen Punkten", wo das „intellektualistische" Konzept der Wertung zurückgewiesen wird, indes nicht vor.

Der Übergang zur sekundären Wertung

Bereits in den Vorlesungen der Jahre 1912/13 vertritt Hägerström die These, daß im Anschluß an Wertungen, die weder wahr
noch falsch seien und in denen auch „nicht die Wirklichkeit gedacht wird, sondern das, was sein soll" (*icke verkligheten tänkes
utan vad som bör vara*)[162], Werturteile gebildet werden, welche
aussagen, „daß etwas wirklich sich so oder so verhält" (*att ngt verkligen förörhåller sig så eller så*)[163], und wie alle Urteile, welche
„Anspruch auf theoretische Wahrheit" (*anspråk på teoretisk
sanning*)[164] enthalten, unter die Beurteilung von wahr und falsch
fallen.

Hägerström unterscheidet hier zwischen primären oder unmittelbaren und sekundären oder mittelbaren Wertungen. Während
die primäre Wertung lediglich „aussagt, wie die Wirklichkeit sein
soll, durchaus nicht wie sie ist" (*utsäger, hurudan verkligheten bör
vara, alls ej hurudan den är*)[165] und damit — wie Hägerström noch
im Sinne der in den „Kritischen Punkten" vertretenen Konzeption
geltend macht — in gewissem Sinne ein Urteil (*omdöme*) sei, aber
ein solches, welches anstelle des Seins das Seinsollen (*bör-varat*)
zur Kopula habe, sei die sekundäre Wertung „ein wirkliches Werturteil" (*ett verkligt värdeomdöme*)[166]: hier sei „der Wert eine
Bestimmung und das Sein Kopula" (*värdet en bestämning och
varat kopula*)[167].

Zur Bildung derartiger Urteile komme es mit „einer gewissen
psychologischen Notwendigkeit" (*en viss psykologisk nödvän-
dighet*)[168]. Um handeln zu können müssen wir häufig zwischen
einander widerstreitenden Wertungen Entscheidungen treffen und

---

162. Den moraliska värderingen. Unpublizierte Vorlesungsreihe, Frühjahr 1913. Manuskript 9:10, S. 8.

163. ebd. S. 5.

164. ebd. S. 8.

165. Värdepsykologi. Unpublizierte Vorlesungsreihe, Herbst 1912. Manuskript 11:3, 29. Nov.

166. Den moraliska värderingen, S. 8.

167. Värdepsykologi, 27. Sept. 1912.

168. Den moraliska värderingen, S. 8.

zu diesem Zweck Maßstäbe aufstellen. Überhaupt sei menschliches
Leben nur möglich, wenn es uns gelingt, zu einer „Ordnung in un-
seren Werten" (*ordning i våra värden*)[168] zu gelangen. Sonst wer-
den wir umgetrieben „wie Späne auf dem Meer des Lebens ohne
Konsequenz in unserem Handeln, ohne Möglichkeit den Bogen des
Lebens auf ein bestimmtes Ziel einzustellen" (*som spånor på
livets hav utan konsekvens i vårt handlande utan möjlighet att
rikta in livets båge på ett bestämt mål*)[168]. „Ordnung in unseren
Werten" aber komme auf dreifache Weise zustande: durch Zweck-
Mittel-Überlegungen, durch Subsumtion des Einzelnen unter das
Allgemeine und durch Wertvergleiche. Jede dieser ordnenden Opera-
tionen sei aber nur möglich, wenn wir unsere unmittelbaren Wertungen reflektieren. Diese Reflexion aber habe für den Wert unver-
meidlich „eine Einfügung unter dem Wirklichkeitsbegriff" (*ett
infogande under verklighetsbegreppet*)[168] zur Folge, d.h. er werde
als eine Bestimmung oder Qualität aufgefaßt, welche dem gewerteten Gegenstand wirklich zukomme und auf diese Weise einen bestimmten Platz im Ganzen der raumzeitlichen Wirklichkeit einnehme.

Es ist vor allem die Tatsache der Zweck-Mittel-Überlegungen,
die Hägerström nun zugunsten der These geltend macht, daß es in
der Tat zur Bildung von Werturteilen mit Wahrheitsanspruch
kommt. Schon vor 1912 galt ihm der Fortgang von der Wertung
des Zwecks zu der des Mittels als echte Schlußfolgerung und nicht
etwa bloß als eine Art gesetzmäßiger Abfolge psychischer Akte:
„in der Tat schließe ich beim Wünschen vom Möchte-sein oder Sollsein der Sache darauf, daß die Bedingungen sein möchten oder
sollen" (*jag sluter i sj [älva] verket [i] önskandet från sakens måtte
eller bör vara till att betingn:arna måtte eller böra vara*)[169]. Damit

---

169. Nyare viljepsykologiska teorier. Unpublizierte Vorlesungsreihe,
Frühjahr 1911. Manuskript 5:6, S. 24. — In den „Kritischen Punkten" von
1910 sagt Hägerström, daß der Gebrauch des am meisten förderlichen Mittels
im selben Akt gewertet werde wie der Zweck. Es sei dasselbe, wie wenn ich urteile, daß der Mensch sterblich ist, und zugleich dessen eingedenk bin, daß
Peter ein Mensch ist. Wenn ich dann nicht auch erkläre, daß Peter sterblich
ist, so bedeutet das, daß ich den Sinn der zusammengestellten Urteilsinhalte
nicht genügend durchdrungen habe (S. 32f.).

stimmen die Ausführungen der Vorlesung zur Wertpsychologie vom 27. September 1912 überein. Wäre es einfach so, heißt es hier, daß man an der Bedingung Gefallen finde, weil das Bedingte gefalle und man den Kausalzusammenhang sehe, handelte es sich also lediglich um eine Art psychischer Kausalität, nach der das eine Gefallen das andere bedinge und unter bestimmten Umständen hervorrufe, so müßte man von einem „direkten Gefallen an der Bedingung" (direkt behag vid betingningen) sprechen. Bei der Wertung des Mittels gefalle dieses aber nicht „direkt", sondern in seiner Eigenschaft als Bedingung. Nachdem es sich bei Zweck- und Mittelwertung um Urteile handle, in denen Subjekt und Prädikat nicht durch die ist-Kopula, sondern durch „das Möchte-sein" (måtte varat) miteinander verknüpft seien, habe ich dann bei der Bestimmung des Mittels „vor mir das Möchte-sein von etwas als ... die einzige Kopula und finde das Möchte-sein von etwas Anderem darin eingeschlossen" (framför mig måtte varat av ngt ss. ... den enda kopulan och finner måtte varat av ngt annat däri inneslutet)[170]. — Zwei Monate später, in der Vorlesung vom 29. November, beginnt sich hier eine Änderung abzuzeichnen. Denn „wie immer man auch das Schließen faßt, stets die Erklärung, daß der Inhalt des Schlußsatzes in den Prämissen liegt, wirklich dort ist" (huru man än fattar slutandet alltid det uttalandet att slutsatsens inneh. ligger i premisserna, verkligen finns där) und damit — so können wir die leider sehr knappen Notizen Hägerströms verstehen — lasse sich nicht vereinbaren, daß als Prämissen und Resultat andere als theoretische Urteile fungieren. Klar ausgesprochen findet sich diese Auffassung dann in einer Vorlesung Frühjahr 1913: „Unmöglich B Mittel für A und A hat Wert zu einem Schlußsatz zu verbinden, wenn beide nicht wirkliche Urteile wären" (Omöjligt

---

170. Hägerström weist an dieser Stelle lediglich die Auffassung ab, daß es sich hier um eine rein theoretische Schlußfolgerung lediglich mit Ist-Urteilen als Gliedern handelt, nicht aber, wie Bo Petersson meint (S. 88), die, daß eine „Schlußfolgerung logischen Charakters" vorliegt. Petersson hat für seine These, daß Hägerström nur für theoretische Urteile logische Relationen annehme, auch in der Tat keinen Beleg vorgelegt, aus dem zu ersehen wäre, daß Hägerström diese Ansicht bereits vor November 1912 vertreten hat.

att förbinda B medel för A o A har värde till en slutsats, om ej
båda vore verkliga omdömen)[171].

Das noch in den Vorlesungen der Jahre1912/13 vertretene
Urteilskonzept der primären Wertung — die Wertung als ein Urteil,
wenn auch als ein Urteil besonderer Art, als Soll-Urteil oder Möchte-
Urteil — wurde spätestens 1917 aufgegeben. Nicht aufgegeben aber
hat Hägerström den Gedanken eines Übergangs zu Wertungen
sekundärer Art, welche „wirkliche" Urteile seien und als wahr oder
falsch beurteilt werden können.

Für diese später vertretene Konzeption des Übergangs wird
entscheidend, daß die ursprünglichen Wertungen, die Hägerström
nun als Assoziationen verstanden wissen will, in denen mit der
Vorstellung des Objekts ein Gefühl der Lust oder Unlust verknüpft
ist, unter bestimmten Umständen, nämlich wenn „das Vorstellungselement dominiert und den Gefühlsausdruck hineinzieht unter die Ausdrücke für die objektiven Bestimmtheiten des Vorgestellten" (*föreställningselementet dominerar och drager känslouttrycket*
in bland uttrycken för det föreställdas objektiva bestämdheter)[172],
gemäß allgemeinem Sprachgebrauch durch Sätze ausgedrückt werden, die grammatisch die Form von Aussagesätzen haben. Denn im
Unterschied zu Wunsch- und Ausrufesätzen habe hier der „Gefühlsausdruck" (*känslouttryck*), also das dem Gefühlsmoment der zugrundeliegenden Assoziation entsprechende Wort, seine „Selbständigkeit" verloren und werde, wie Hägerström im analogen
Fall des Willensausdrucks im Pflichtsatz dartut, „als prädikatives
Glied in einen Satz mit Urteilsform eingefügt" (*infogadt såsom*
predikativt led i en sats med omdömesform)[173]. Da es sich hier
nicht um beliebige Wortzusammenstellungen, sondern um sinn-
volle Sätze von der Art handle, welche gewöhnlich Urteile formulieren, komme es zwangsläufig zur Bildung einer „Urteilsvorstellung" (*omdömesföreställning*) und zwar auch beim Sprechenden selbst und nicht etwa nur beim Angesprochenen und die Rede Vernehmenden. Denn wie die Vorstellung eines bestimmten

171. Den moraliska värderingen, S. 19.
172. Till frågan om den objektiva rättens begrepp, S. 69.
173. ebd. S. 90.

Sachverhalts gewöhnlich zur Artikulierung des entsprechenden Aussagesatzes führe, so verhalte es sich auch umgekehrt so, daß das Vernehmen eines solchen Satzes „assoziativ die Vorstellung eines bestimmten Verhältnisses als real mit sich zieht" (*associativt drager med sig föreställningen om ett visst förhållande såsom realt*)[174]. In dieser im Anschluß an den sprachlichen Ausdruck gebildeten Urteilsvorstellung werde nun dem Gegenstand der diesem Ausdruck zugrundeliegenden assoziativen Gefühlswertung eine Bestimmtheit zugedacht, ein unanschauliches Etwas, von dem man meine, daß es durch jenes Wort im Satz benannt werde, welches in Wahrheit lediglich Ausdruck für ein Gefühl sei und gar nichts bezeichne. Denn „nichts ist dann natürlicher als daß man annimmt, daß im Satz das Wort Wert, ausgesagt als Prädikat, auch wirklich etwas, was wirklich am Gegenstand vorhanden ist, bedeutet" (*ingenting är då naturligare än att man antar, att ordet värde i satsen, utsagt som predikat, också verkligen betyder något som verkligen är förhanden hos föremålet*)[175]. Und jedesmal, wenn dieser Ausdruck wieder in einem Satz auftrete, meine man dasselbe gedachte Etwas wiederzufinden, und man fange an, mit ihm als einem logischen Element zu operieren. Auf diese Weise komme man dazu, Schlußfolgerungen vorzunehmen, die Werturteile als Prämissen und Konklusionen enthalten.

Diese in den Vorlesungen der Jahre 1912/13 und dann wieder 1917 vorgetragenen Überlegungen, die Tatsachen des wertenden und Wertungen zum sprachlichen Ausdruck bringenden Bewußtseins gelten und unter systematischen Gesichtspunkten als Beitrag zu einer Psychologie als empirischer Tatsachenwissenschaft anzusehen sind, lassen ein Verständnis der Wertung erkennen, das von dem der „Kritischen Punkte" und der Antrittsvorlesung abweicht. Denn was 1912/13 als unmittelbare und unvermeidliche Folge von Wertungen, 1917 als unwillkürliche Reaktion auf das Vernehmen gewisser sprachlicher Äußerungen geltend gemacht wird, ist die Bildung „wirklicher" Werturteile, von Wer-

174. ebd. S. 70.
175. Moralpsykologi (1917). Von Hägerström nicht veröffentlichte Vorlesungsserie. Manuskript 12:4, S. 65.

tungen in der Form theoretischer, als wahr oder falsch qualifizier-
barer Urteile. Trifft dagegen für jede Wertung zu, daß in ihr mit
der Auffassung des Objekts ein Gefühl der Lust oder Unlust verbunden ist, so sind weder die Urteile des Konzepts von 1912/13
noch die des Konzepts von 1917 Wertungen. Denn dann müßte jede Wertung ein Gefühlsmoment enthalten und nicht etwa nur
voraussetzen oder mit sich führen. Gerade weil Hägerström Wertungen solcherart als emotionale Stellungnahmen versteht, kommt
er in der Antrittsvorlesung zum Resultat, daß moralische Vorstellungen weder wahr noch falsch seien, und später dazu, Wertungen als Assoziationen aufzufassen. Entspricht dieses Verständnis dem allgemeinen Begriff der Wertung, den Hägerström zur
Zeit der „Kritischen Punkte" und der Antrittsvorlesung vertreten
hat, so ist dieser Begriff Ende 1912 offenbar bereits aufgegeben
worden. Ein Wandel in der Auffassung dessen, was als Wertung
anzusehen ist, muß sich vollzogen haben und zwar ohne daß — uns
bekannten Zeugnissen nach zu schließen — Hägerström sich dessen
bewußt geworden wäre oder gar sich Rechenschaft darüber abge-
legt hätte. Was dann in den Arbeiten des Jahres 1917 vorliegt, ist
lediglich eine Reihe spezieller Wertungsbegriffe, die zwar alle in
irgendeiner Weise auf die ursprüngliche Gefühlswertung bezugneh-
men, ihrer Struktur nach aber durchaus ungleichartig sind. Die Tendenz der „Kritischen Punkte", nämlich einen einheitlichen und um-
fassenden Begriff der Wertung auszuarbeiten, wird in den späteren
Schriften nicht wieder aufgenommen.

Hägerströms Darlegungen betreffen wie gesagt Tatsachen
des wertenden und Wertungen zum sprachlichen Ausdruck bringenden Bewußtseins. Für die philosophische Kritik von Interesse ist
hier lediglich das Prinzipielle: ob wirklich durch Mißverständnis
sprachlicher Äußerungen Urteile zustandekommen können, die
dann nicht nur jenen Äußerungen zugrundeliegend gedacht sondern auch vertreten werden, und was sich aus den Umständen,
unter denen sie gebildet werden, für ihren Wahrheitsgehalt er-
gibt. Ob darüber hinaus Hägerströms Feststellungen dem tatsächlichen psychischen Vorgang gerecht werden, können wir als rein
empirische Frage auf sich beruhen lassen.

Dem Konzept von 1917 zufolge sind es Mißverständnisse

sprachlicher Äußerungen, die zur Aufstellung von Werturteilen führen. Worten wie „gut" und „schlecht" werde eine andere Bedeutung zugeschrieben als die, die ihnen tatsächlich zukomme: obwohl sie lediglich Ausdruck für Gefühle seien, spreche man ihnen die Bedeutung von Namen zu.

Sagen wir nun von einem Ausdruck, seine Bedeutung bestehe darin, daß er etwas nennt, so denken wir das, von dem wir meinen, daß es genannt werde, und beziehen den betreffenden Ausdruck als seinen Namen darauf. Jedesmal nämlich, wenn wir uns von der Bedeutung eines sprachlichen Ausdrucks Rechenschaft geben, sprechen wir zugleich von dem, als dessen Zeichen uns der Ausdruck gilt. Worte nennen etwas oder sie bringen wie Interjektionen etwas zum Ausdruck ohne es zu nennen; in beiden Fällen verweisen sie als Zeichen auf etwas und diese Zeichenfuktion meinen wir, wenn wir von der Bedeutung eines Wortes sprechen. Fassen wir etwas als Zeichen auf, so denken wir stets auch das, als dessen Zeichen es uns gilt. Die Sache, auf die es verweist, ist uns gegenwärtig, wenn mitunter auch − wie im Falle einer Sprache, deren Worte wir nicht verstehen − nur in ihrer allgemeinsten Gestalt, so daß wir nicht angeben können, wodurch sie sich von anderem unterscheidet. Deshalb ist es unmöglich, Worte und Sätze hinsichtlich ihrer Bedeutung zum Gegenstand von Aussagen zu machen, ohne das mit ins Spiel zu bringen, wovon sie sprechen[176].

Nehmen wir also an, daß Worte wie „gut" und „schlecht" etwas nennen, so denken wir in der Tat das, als dessen Namen uns diese Ausdrücke gelten, und wir können es in Urteilen Gegenständen zu- oder auch absprechen − gleichgültig ob wir die Bedeutung der Ausdrücke richtig getroffen haben oder nicht. Also auch dann, wenn zutrifft, was Hägerström und die *non-cognitive theory of*

176. Im statement "Right" means the same as "generally approved" ist also nicht nur von den Ausdrücken „right" und „generally approved" die Rede, sondern ebensosehr von der Sache, auf die beide Ausdrücke sich beziehen. Dies wäre zu bedenken, will man wie Lars Bergström zeigen, daß das obige statement mit dem statement „Some actions which are generally approved are not right" nicht unvereinbar ist. − Lars Bergström: Meaning and Morals. In: Contemporary Philosophy in Scandinavia. Hrsg. von Raymond E. Olson und Anthony M. Paul. Baltimore und London 1972. S. 185-195.

ethics sagen, nämlich daß die grammatische Form uns über den wirklichen Gehalt von Sätzen, welche Wertungen zum Ausdruck bringen, hinwegtäuscht und dazu verleitet in ihnen die Formulierung kognitiv relevanter Urteile zu sehen, ist es uns ohne weiteres möglich, ebendiese Urteile uns zu eigen zu machen und nachträglich jene Behauptungen zu realisieren, die dem Vermeinen nach bereits sprachlichen Ausdruck gefunden haben. Von geringer Bedeutung ist, daß diese Behauptungen auf dem Weg über ein Mißverständnis zustande kommen. Ein Verfehlen der Wirklichkeit wäre nur dann die unvermeidliche Folge, wenn das Mißverständnis dem Urteilsgedanken nicht nur vorausläuft, sondern auch in ihm Eingang findet, also wenn im Urteil selbst dem Gegenstand oder der ihm zugeschriebenen Bestimmung irrtümlich ein bestimmtes Wort als Name zugedacht wird[177].

Diese Möglichkeit scheint Hägerström indes nicht im Auge zu haben, als er in einer Frühjahr 1913 gehaltenen Vorlesung zum Schluß kam, daß „alle mittelbaren Werturteile falsch" (*alla medelbara värdeomdömen falska*) seien. Dadurch nämlich, daß diese Urteile — so dürfen wir die allerdings recht knappen Angaben Hägerströms verstehen — die in ursprünglichen Wertungen erlebten Gefühlsqualitäten Gegenständen als reale Eigenschaften zuschreiben, werde „eine Einfügung unter dem Wirklichkeitsbegriff" (*ett infogande under verklighetsbegreppet*) vorgenommen, also jenen Qualitäten, welche bloß Bewußtseinsinhalte und nichts Reales seien, objektive Wirklichkeit zuerkannt[178]. — Die Werturteile des Kon-

177. Daß sprachliche Mißverständnisse nicht notwendig auch hinsichtlich der Sache zu falschen Auffassungen führen, läßt sich leicht anhand von Beispielen zeigen. So wird jemand, der im Wetterbericht einer schwedischen Zeitung liest, es werde morgen „*svalt*", und die Bedeutung dieses Ausdrucks verfehlend daraufhin meint, es werde schwül, u.U. diese seine Auffassung durch die tatsächliche Witterung bestätigt finden.

178. Den moraliska värderingen (1913), a.a.O. S. 8. — Bo Petersson meint Hägerströms Argumentation wie folgt rekonstruieren zu können: In der sekundären Wertung werde angenommen, daß die primäre Wertung eine Vorstellung davon sei, daß ein Objekt eine Werteigenschaft habe. Da aber in keiner primären Wertung dem Objekt eine Eigenschaft beigelegt werde, müsse die sekundäre Wertung falsch sein (Petersson, a.a.O. S. 129). Die Annahme Peterssons, daß nach Hägerström die Reflexion auf die primäre Wertung nicht

zepts von 1917 wiederum sind als falsch anzusehen, wenn und sofern sie die Annahme einer von Raum und Zeit unabhängigen Wirklichkeit einschließen[179], und wohl auch deswegen, weil das, was in ihnen Gegenständen zugesprochen werde, „bloß ein unanschauliches Etwas" (*blott ett oåskådligt något*) sei, das nur durch Hinweis auf den sprachlichen Ausdruck „ausdifferenziert" werden könne[180]. Das eine wie das andere ist nicht unmittelbar und notwendig, sondern nur unter bestimmten, noch genauere zu ermittelnden Umständen Konsequenz des sprachlichen Mißverständnisses, als dessen Resultat jene Urteile hervortreten.

Als der Hägerströmschüler Ingemar Hedenius Anfang der vierziger Jahre daranging, die These des „uppsalaphilosophischen Wertnihilismus" (*den uppsalafilosofiska värdenihilismen*) neu zu formulieren, hat er aus der Moral- und Rechtsphilosophie Hägerströms die „Theorie über den Gehalt moralischer und rechtlicher Sätze" (*teori om innebörden av moraliska och rättsliga satser*)[181] herausgegriffen. Dieser entsprechend besage die wertnihilistische These, „daß Sätze von den Typen „dies ist gut", „dies ist recht" und „dies soll geschehen", wie sie in täglicher Rede und in der Philosophie gebraucht werden, in der Regel keine Annahmen oder Behauptungen über etwas ausdrücken" (*att satser av typerna "detta är gott", "detta är rätt" och "detta bör ske", såsom de används i dagligt tal och i filosofien, i regel icke utrrycker några antaganden eller påståenden om något*)[182]. Andere Autoren, bis hin zu den Verfassern von Lehrbüchern für den Philosophieunterricht auf den Gymnasien, sind der von Hedenius vorgenommenen Auswahl und Akzentuierung gefolgt und es scheint geradezu eine opinio communis geworden zu sein, in der nonkognitivistischen

nur eine faktische Bedingung für das Zustandekommen sekundärer Wertungen sei, sondern in dieser selbst enthalten — wenn nicht mit ihr überhaupt identisch — sei, hat keine Stütze im Text der Vorlesung.

179. Moral och världsåskådning. Von Hägerström nicht veröffentlichte Vorlesungsserie, Frühjahr 1921. Manuskript 11:4, S. 12.

180. Till frågan om den objektiva rättens begrepp, S. 73. Was hier von der Pflichtvorstellung gesagt wird, gilt analog auch von der Wertvorstellung.

181. Om rätt och moral (1941), a.a.O. S. 12.

182. ebd. S. 16f.

„Wertsatztheorie" (*värdesatsteori*) den eigentlich bedeutsamen und in die Zukunft weisenden Teil der Lehre Hägerströms zu sehen. Was man heute in den Schriften angelsächsischer und skandinavischer Moralphilosophen finde, heißt es in einem Buch von J. Andersson und M. Furberg, seien „Analysen dessen, wie gewisse sprachliche Ausdrücke gebraucht werden und fungieren" (*analyser av hur vissa språkliga uttryck används och fungerar*), und Hägerström sei in der Hinsicht für moderne Moralphilosophie repräsentativ als „Sinn und Funktion von Ausdrücken" (*uttrycks mening och funktion*) sein Thema sei[183], und Harald Ofstad meint den Standpunkt der *Uppsala philosophy* mit den Thesen wiedergeben zu können: „*What we call judgments of value and judgments of obligation do not express judgments at all, but express an association between a feeling — impulse of will — and a reference to an object of evaluation*" und „*They cannot be confirmed empirically and consequently are neither true nor false*", wobei die erste These „*an assertion as to what is actually expressed by certain sentences*" sei und die zweite „*an assertion that what is expressed cannot be empirically tested*"[184]. — Diese Äußerungen

---

183. Jan Andersson und Mats Furberg: Moral. En bok om ord, känsla och handling. Stockholm 1971. S. 116.
184. Harald Ofstad: Objectivity of Norms and Value-Judgments According to Recent Scandinavian Philosophy. In: *Philosophy and Phenomenological Research* XII/1951-52, 42-68. S. 44. — Ofstads Aufsatz kann geradezu als Musterbeispiel für die seit den frühen vierziger Jahren in Skandinavien vorherrschende sprachanalytisch fixierte Interpretationsrichtung gelten. So zählt er zu den Hauptpunkten der *Uppsala theory*, die Hägerström 1911 vorgelegt habe, die Ansicht, daß „*whenever a person gives what we have called a pure norm, i.e., says that something is good — bad — beautiful, etc. — ought to be done — ought not to be done, etc. — without being willing to accept a descriptive sentence as synonymous with the one the has expressed, he will by introspection find that there is a feeling or impulse of will within him favoring or disapproving the action or event in question*" (S. 48). Ebenso bezeichnend ist die kritische Anmerkung, er wisse „*of no effective attempts, with intersubjective psychological methods, to bring together the empirical evidence for the hypothesis that pure norms express what is called "feelings"*" (S. 50). Das Argument, daß Wertungen bzw. Wertungssätze empirisch nicht nachprüfbar seien, kommt in den Publikationen Hägerströms nicht vor, wohl

kontrastieren mit der Tatsache, daß der Analyse von Sätzen und Worten, die Wertungen ausdrücken, in Hägerströms Werk weder grundlegende noch zentrale Bedeutung zukommt. Eine explizite Wertsatztheorie findet sich erst 1917, also nachdem Hägerström in den „Kritischen Punkten" den emotionalen Gehalt von Wertungen herausgestellt hat und 1911 in der Antrittsvorlesung zum Ergebnis gekommen ist, daß moralische Vorstellungen aus diesem Grunde weder wahr noch falsch seien. Berücksichtigt man dies, so galt es nur noch, den Schluß von der Artung des „Wertung" genannten Aktes bzw. Aktzusammenhangs auf die kognitiv-logischen Bestimmungen des Satzes zu ziehen, der ihm als Ausdruck zugeordnet ist. Die Aufstellungen zum Gehalt von Wertungssätzen, die sich etwa in der Schrift zum Begriff des objektiven Rechts finden, lassen sich also als Korollarien zu Aussagen verstehen, die den Charakter des „Wertung" genannten Psychischen im einzelnen zu bestimmen suchen, und als ein Mittel, die These der Antrittsvorlesung indirekt zum Ausdruck und zu Gehör zu bringen. Dem widerspricht nicht die sprachanalytische Argumentationsweise, von der Hägerström Gebrauch macht. Denn wer die These von der Nonkognitivität der Wertungssätze durch den Hinweis zu stützen sucht, daß diese Sätze solchen gleichbedeutend seien, welche Wünsche und lebhafte Gemütsbewegungen zum Ausdruck bringen, kann nur den überzeugen, der von vornherein im Wertungsakt ein emotionales Element beteiligt sieht. Das Argument von 1917 setzt also das Resultat der „Kritischen Punkte" von 1910 voraus.

Ohnehin kann nur, wer bereits über einen Begriff der Wertung verfügt, darangehen, durch Reflexion auf den Bedeutungsgehalt von Sätzen Argumente für oder auch gegen die These zu gewinnen suchen, daß Wertungen weder wahr noch falsch sind. Denn nur anhand eines Begriffs der Wertung können wir Sätze als Wertungsausdrücke identifizieren und den Bereich dessen, was untersucht werden soll, abstecken, nur unter dieser Voraussetzung

aber bei Carnap (Philosophy and Logical Syntax. 1935) und ist überhaupt kennzeichnend für die Denkweise des logischen Empirismus, mit der Hägerström indes nichts zu tun hatte.

lassen sich Beispielsätze auswählen und im Bedeutungsgehalt dieser Sätze methodisch diejenigen Züge hervorheben, die ihnen als Wertungsausdrücken wesentlich und eigentümlich sind[185]. War die Analyse auch nur eines Beispielsatzes auf diese Weise methodisch geleitet, läßt sich dann auch die Generalisierung des Untersuchungsergebnisses rechtfertigen. Dies aber heißt, daß derjenige Begriff der Wertung, der für die Wahl des Beispiels wie für die Intention der Untersuchung bestimmend ist, auch den Rahmen für das Ergebnis abgibt. Denn wer über einen Begriff der Wertung verfügt, hat bereits — ob er sich dessen bewußt ist oder nicht — vor der Analyse sprachlicher Gegebenheiten eine Bestimmung dessen getroffen, was Wertung heißt und heißen kann. Sollten also im Bedeutungsgehalt eines Satzes Züge ans Licht treten, die dem leitenden Begriff gemäß Wertungen nicht zukommen, so wird man ihn aus dem Kreis der relevanten und zu analysierenden Sätze ausschließen[186]. Wird ein Satz ausgewählt, um exempla-

185. Im Zeichen des *linguistic approach* ist es üblich geworden, Wertungen als Korrelat von Sätzen zu bestimmen, die durch das Vorkommen bestimmter Worte gekennzeichnet sind, wobei diese lediglich ihrem Lautbestand nach namhaft gemacht werden. Den Ausdruck „*värdering*" (Wertung) gebrauche er, erklärt Hedenius in seiner Schrift „Om rätt och moral" (1941), um eine „Seelenlage" (*själsläge*) von der Art zu bezeichnen, welche normalerweise mit Sätzen von den Typen „*detta är gott*" (dies ist gut), „*detta är rätt*" (dies ist recht) oder „*detta bör ske*" (dies soll geschehen) ausgedrückt werden könne (S. 21). In unserem Zusammenhang ist lediglich darauf hinzuweisen, daß in derartigen Aussagen jener vorauslaufende Begriff der Wertung, welcher die Identifikation der sprachlichen Ausdrücke allererst möglich macht, nicht zur Explikation kommt. Denn für das, was in diesem Begriff gedacht wird, also die Wertung in ihren allgemeinen Bestimmungen, ist die Beschaffenheit des sprachlichen Ausdrucks nur etwas Akzidentelles. Der Begriff einer Sache aber enthält niemals etwas, was mit ihr nur beiläufig verbunden ist.

186. Wie in der Motivierung, warum bestimmte Sätze ausgeschieden werden, der leitende Vorbegriff des betreffenden Autors zum Vorschein kommt, zeigt ein Beispiel bei Hedenius. Es wäre irreführend, meint Hedenius, Sätze wie „*Du är en tjuv*" (Du bist ein Dieb) Wertaussagen (*värdeutsagor*) zu nennen, denn der Ausdruck „*tjuv*" (Dieb) werde hier „in der einigermaßen wohldefinierten juristischen Bedeutung" (*i den någorlunda väldefinierade juridiska betydelsen*) gebraucht. Dergleichen Sätze seien vielmehr rein konstatieren-

risch den Bedeutungsgehalt von Wertungssätzen zu studieren, so
nimmt er in den Augen des Untersuchenden die Farbe des Begriffs
an, der Auswahl und Analyse leitet. Wenn also jemand sagt, die Untersuchung des Bedeutungsgehalts von Wertungssätzen zeige doch,
daß deren Sinn nicht darin besteht, Annahmen oder Behauptungen
zum Ausdruck zu bringen, und daß Worten wie „gut" und „schlecht"
nicht die Bedeutung von Namen zukommt, die etwas, Eigenschaften von Gegenständen, nennen, so ist stets zu fragen, von welchem
Begriff der Wertung ausgehend man zu diesem Resultat gekommen
ist und ob dieser Begriff das Argument in der Tat tragen kann. Die
Reflexion auf den Bedeutungsgehalt von Sätzen mag nützlich sein,
den vorausgesetzten Leitbegriff zu klären und die in ihm enthalte-
ne Auffassung der Sache in einer Reihe von Aussagen zu artikulieren, die Untersuchung sprachlicher Einheiten liefert aber keine
Kriterien, die geeignet sind, ihn auf seine Tragfähigkeit hin zu überprüfen. Um die innere Konsistenz und damit Tragfähigkeit eines
Begriffs auszuweisen genügt es nicht, Sätze namhaft zu machen,
die den Regeln der Sprache gemäß eine Konkretion des Gedachten
zum Ausdruck bringen. Andererseits ist es auch gar nicht notwendig, daß Sätze, die wir aus irgendeinem Vorurteil heraus als
Wertungsausdrücke ansehen, in der Tat etwas zum Ausdruck
bringen, was in jenem Begriff gedacht wird: sind es nicht gerade
diese, so sind es andere Sätze, läßt sich mit Hilfe des gegebenen
Vokabulariums das Gemeinte nicht hinreichend präzis und unzwei-
deutig zum Ausdruck bringen, so werden wir uns eben eine ge-
eignete Terminologie aufbauen[187]. Das Faktum, daß jene Sätze

de Aussagen, auch wenn es sich um unangenehme oder angenehme Dinge
handle, die hier konstatiert werden. Im Satz „*Det var orätt av dig att stjäla de
där pengarna*" (Es war unrecht von dir, das Geld zu entwenden) dagegen entspreche dem Ausdruck „*orätt*" (unrecht) weder ein wohldefiniertes Prädikat noch überhaupt ein Prädikat. Nur bei Sätzen dieser Art, die also im Unterschied zu den ersteren keine Subjekt-Prädikat-Proposition enthalten und
folglich auch nicht „theoretischen Sinn" (*teoretisk mening*) besitzen, handle
es sich um Wertaussagen. – Ingemar Hedenius: Befallningssatser, normer och
värdeutsagor (1955). In: Om människans moraliska villkor. Göteborg 1972.
S. 63f.
187. Beim Aufstellen des Grundproblems der philosophischen Ethik,

einen bestimmten Bedeutungsgehalt aufweisen, gibt also durchaus keine Instanz ab, die geeignet wäre, den vorlaufenden Begriff der Wertung auf seine Legitimität hin zu überprüfen.

nämlich der Frage nach dem Begriff des Guten, habe man, schreibt Hedenius in „Om rätt och moral" (1941), vorausgesetzt, daß Sätze vom Typ „detta är gott" (dies ist gut) Behauptungen über etwas ausdrücken. Die These, daß es in Wirklichkeit einen derartigen Begriff gar nicht gebe, sei dann eine Konsequenz der wertnihilistischen Interpretation dieser Sätze (S. 17f.). Es gebe also kein spezifisches Etwas, welches durch das Wort „gott" (gut) bezeichnet würde und Gegenstand von Behauptungen sein könnte (S. 33). Eine Argumentation von dieser Art scheint Hans Albert im Auge zu haben, wenn er in seinem „Traktat über kritische Vernunft" (1968) zu verstehen gibt, daß die Annahme der Existenz eines autonomen Reichs der Werte oder einer reinen Sphäre der Geltung und des Sollens eine Illusion sei, die durch unsere üblichen Sprachformen zwar gestützt werde, aber „der modernen Sprachkritik" allmählich zum Opfer falle (S. 58). In beiden Fällen wird die Tragweite des sprachanalytischen Arguments überschätzt. Für die Richtigkeit jener Existenzannahmen ist es völlig unerheblich, ob sie mit einer Fehlinterpretation sprachlicher Äußerungen verknüpft sind, und auch wer sich von der Richtigkeit der nonkognitivistischen Deutung überzeugen läßt, wird lediglich zu dem Schluß kommen, daß er das Wort „gut" ehedem falsch gebraucht hat, keineswegs aber, daß dasjenige, was er damit bezeichnen wollte, nicht ist. Daß gerade der *fundamental point* des Problems von der *logical analysis of statements* unabhängig ist, hat in Skandinavien u.a. Harald Ofstad zum Ausdruck gebracht. Worauf es bei der Kontroverse zwischen Intuitionisten und Empiristen ankomme, sei vielmehr, ob gewissen Objekten eine *indefinable non-natural property*, nämlich *goodness*, zu eigen sei oder nicht. Selbst wenn man zeigen könne, daß bestimmte Sätze, *pure norms*, wie Ofstad sie nennt, Imperative ausdrücken, so sei damit noch nicht schlüssig evident, daß jene *non-natural property* nicht existiere: „*Even if all pure norms until this day had expressed only feelings, it follows that if the intuitionist could show us that he was right, we would have to invent certain sentences by use of which we could start to talk about those things that we previously had overlooked*" (Objectivity of Norms and Value-Judgments According to Recent Scandinavian Philosophy, a.a.O. S. 51). Auch nach Manfred Moritz sind „wertontologische" Thesen von „wertsatztheoretischen" logisch unabhängig und man könne ohne sich zu widersprechen eine „emotivistische Wertsatztheorie" vertreten und zugleich der Ansicht sein, daß es Werteigenschaften gebe. Um konstatieren zu können, daß Gegenstände solche Eigenschaften besitzen, müsse man dann freilich besondere sprachliche Ausdrücke einführen und sog. „Valeursätze" bilden, denn für die gewöhnlichen Wertsätze gelte die emotivistische (nonkog-

Gelegentlich wird die „wertnihilistische" These, daß ethische Sätze weder wahr noch falsch seien, als eine Hypothese behandelt, die dann akzeptabel sei, wenn sie eine Erklärung der Funktion
dieser Sätze für den Sprechenden wie auch ihrer Wirkung auf den
Angesprochenen, der sie versteht und ernstnimmt, möglich macht.
Das Beweisverfahren, das für diese These überhaupt möglich sei,
sagt Hedenius, müsse mit der Sichtung der verschiedenen Möglichkeiten, den Gehalt der moralischen Sätze auszulegen, beginnen
und schließe mit der Wahl derjenigen Möglichkeit, welche nach
wissenschaftlichen Gesichtspunkten die größten Vorteile biete, also die meisten Probleme eliminiere und die meisten hierhergehörigen Fakten erkläre[188]. Im Beitrag zum Symposium über *Axiological Nihilism* (1959) spricht Hedenius dann auch ausdrücklich
von *a mere hypothesis*, zu deren Gunsten spreche, daß sie „*the
fact that ethical sentences have no place as integral parts of
scientific discourse*" erkläre[189]. — Ist die wertnihilistische These
in der Tat *a mere hypothesis*, so bringt sie bloß die faktische Beschaffenheit, nicht aber das sine qua non ethischer Sätze zur Spra-

nitivistische) Wertsatztheorie (Manfred Moritz: Inledning i värdeteori. Värdesatsteori och värdeontologi. Lund 1967. S. 93f. und 96).

188. Om rätt och moral, S. 22.

189. Axiological Nihilism. Some Theses. In: *Inquiry* 4/1961. 274-290.
S. 279. — Auch in diesem Falle treffen wir bei Hans Albert auf eine ähnliche
Auffassung. So macht Albert dem meta-ethischen Intuitionismus gegenüber
geltend, daß dieser meine, „nicht ohne Heranziehung in der wissenschaftlichen Weltinterpretation unbekannter und für sie überflüssiger Faktoren auskommen zu können" (Ethik und Meta-Ethik. Das Dilemma der analytischen
Moralphilosophie (1961). Wieder in: Werturteilsstreit. Hrsg. von Hans Albert
und Ernst Topitsch. Darmstadt 1971. 472-517. S. 476). Das von Albert vorgeschlagene „Deutungs-Schema für Werturteile (normative Aussagen)" soll
denn auch den Rückgriff auf „nichtnatürliche Wesenheiten" vermeidbar machen (Theorie und Praxis. Max Weber und das Problem der Wertfreiheit und
der Rationalität (1966). Wieder in: Werturteilsstreit (s.o.), 200-236. S. 214f.).
Wer dagegen meine, daß der Formulierung von Werturteilen und Normen spezifische Einsichten zugrunde liegen, sei gezwungen, „ad hoc die Existenz entsprechender Wesenheiten anzunehmen, die für die Erklärung des tatsächlichen
Geschehens keinerlei Funktion zu haben pflegen" (Traktat über kritische Vernunft (1968), S. 57).

che. Wird sie dagegen als notwendige Konsequenz des für die Identifikation dieser Sätze maßgebenden Begriffs der Wertung geltend
gemacht, so enthält jede Alternative einen Widerspruch und sie
kann nicht als eine Hypothese angesehen werden, die mit anderen
konkurriert und deren Anerkennung u.a. davon abhängig gemacht
wird, daß sie weniger Annahmen enthält als diese.

Hägerströms Hinweis, daß bestimmte Sätze Wertungen nicht
nur ausdrücken, sondern auch hervorrufen, und zwar Wertungen
anderer Art als die bereits ausgedrückten, hätte der Tendenz entgegenwirken können, das philosophische Thema der Wertung auf
die Untersuchung dessen einzuengen, was gewisse Sätze den Regeln der Sprache gemäß oder auch bloß faktisch zum Ausdruck
bringen. Obwohl Hägerström bereits Ende 1912 und dann immer
wieder auf das Phänomen der sekundären Wertung und das faktische Zustandekommen von Werturteilen aufmerksam gemacht hat,
wurde dieser Teil seiner „Lehre von der Moral" (*lära om moralen*)
erst sehr spät von der Forschung zur Kenntnis genommen[190]. Den,
wie es scheint, ersten Hinweis enthielt ein 1953 gehaltener Vortrag von Andries Mac Leod[191]. 1961 hat Mac Leod in einem Interview für die Zeitung „Svenska Dagbladet" erneut darauf hingewiesen, daß man bei Hägerström neben der Ansicht, daß das Wert-

---

190. Wie unbekannt dieser Teil von Hägerströms Lehre war, zeigt die heftige Polemik, die Alf Ross 1946 gegen Theodor Geiger führte. Diesem wurde
u.a. – zu unrecht – vorgeworfen, er habe Hägerström die Ansicht unterstellt,
daß Wertaussagen „unwahre Behauptungen" (*usande Paastande*) seien (Alf
Ross: Sociolog som Retsfilosof. *Juristen* XXVIII/1946, S. 262).

191. Der Vortrag ist später in erweiterter Form unter dem Titel „Om ett
värdeobjektivistiskt inslag i Hägerströms moralfilosofiska teorier" im Sammelband „Tre uppsatser om Hägerström, Zenon från Elea och relativitetsteorin"
(Uppsala 1973) zugänglich gemacht worden. Mac Leod kommt hier zum Ergebnis, daß den Ausführungen der Schrift über den objektiven Rechtsbegriff
zufolge Pflichtsätze eine Bewußtseinslage anzeigen, in der zunächst mit einer
Vorstellung, der für sich genommen ein Satz des Typs „die und die Handlung
ist die rechte" korrespondiere, dann mit dem Bewußtsein der Pflicht als etwas
Realem ein Willensgefühl assoziativ verbunden sei. Da Pflichtsätze nach Hägerström somit u.a. auch Urteile zur Anzeige bringen, enthalte seine Lehre
– auch wenn jene Urteile als falsch deklariert werden – einen „wertobjektivistischen Einschlag", der mit konsequentem Wertnihilismus unvereinbar sei.

bewußtsein weder wahr noch falsch, auch die, daß es stets falsch sei, annehmen müsse, und beklagt, daß die letztere Ansicht, die interessantere von beiden, kaum Beachtung gefunden habe[192]. 1968 hat dann Thorild Dahlquist in einer Gedenkrede für Sveriges Radio zum 100. Geburtstag Hägerströms das Thema aufgegriffen und einen Vorschlag präsentiert, wie das Nebeneinander der beiden Ansichten zu verstehen sei[193]. Eine auch im Druck erschienene Darstellung liegt indes erst seit 1973 mit Bo Peterssons Dissertation vor[194].

192. Das Interview ist in der Ausgabe vom 16.2. unter dem Titel „Andries Mac Leod, matematiker och filosof" wiedergegeben.

193. Thorild Dahlquist hat später in einem Beitrag zu den Acta Universitatis Upsaliensis, Uppsala University 500 Years (5), geltend gemacht, daß man im Sinne von Hägerströms endgültiger Moraltheorie zwischen *„ethical sentences of a certain, elementary kind"* und *„more complicated ethical sentences"* unterscheiden müsse, wobei die ersteren *„individual actions or other concrete occurrences"* betreffen und relativ einfache Prädikate wie „gut" und „schlecht" gebrauchen, Dahlquists These ist dann, daß *„Hägerström's definitive moral theory combines a no-truth-value theory (and an emotive theory) about the elementary sentences with an error theory about the non-elementary sentences"*. – Theoretical Philosophy, Practical Philosophy. Some Pages from the History of Philosophy in Uppsala. In: Faculty of Arts at Uppsala University. History, Art and Philosophy. Uppsala 1976. S. 134.

194. a.a.O. S. 126-132 und 146-162. Meine Darstellung folgt der Peterssons in großen Zügen (s. doch Anm. 178!).

Der Begriff des Guten

Wer wie Hägerström darzulegen sucht, daß Wertungen weder wahr noch falsch sein können, wird seine Argumentation stets auf gewisse Auffassungen stützen, die einmal die Beschaffenheit jener Wertungen betreffen und zum anderen dasjenige, was allein wahr oder falsch sein kann. Unter dieser Voraussetzung läßt sich dann ggf. zeigen, daß dem einen abgeht, was dem anderen wesentlich ist. Wir haben gesehen, daß Hägerström in zweifacher Rücksicht eine Scheidung vornimmt: einmal haben Wertungen für sich genommen nicht den Charakter von Realitätsbehauptungen und damit gehe ihnen etwas ab, was theoretischen Urteilen wesentlich sei, und zum anderen enthalten sie neben der Auffassung des gewerteten Objekts ein emotionales Element, sie entbehren mithin die Einheitlichkeit des Urteilsakts und müssen als assoziative Verknüpfungen angesehen werden. Aber, wie wir zu zeigen versucht haben, trifft es keineswegs zu, daß lediglich Wirklichkeitsbehauptungen wahr oder falsch sein können[195], und auch der Tatsache, daß bei Wertungen stets ein Wollen oder ein Gefühl mit im Spiel ist, können wir Rechnung tragen ohne uns der These Hägerströms anschließen zu müssen, daß Wertungen nicht einheitliche Auffassungen sondern Assoziationen seien. Sagen wir, daß zum Akt der Wertung zwar ein Wollen gehört, ein unwillkürliches Sichrichten auf das hin, was aufgefaßt und gewertet wird, verstehen wir aber dieses volitive Element nicht als einen Teil der Wertung selbst, sondern als eine unmittelbare Folge derselben, läßt sich die von Hägerström geltend gemachte Konsequenz vermeiden, wonach Wertungen weder wahr noch falsch seien[196].

Bestimmen wir Wertungen von vornherein als Akte, in denen etwas gut oder als schlecht seiend aufgefaßt und behauptet wird, welche Einwände lassen sich dagegen vorbringen? Man wird nicht anführen können, daß das Wort „Wertung" gewöhnlich etwas anderes bezeichne und Sätze, die gemeinhin als Kundgaben von Wertungen gelten, derartige Akte nicht zum Ausdruck bringen. Selbst

195. s.o. S. 59-64.
196. s.o. S. 65-69.

wenn beides zuträfe, so läge allenfalls eine ungeschickte Formulierung vor, und dies ließe sich korrigieren ohne daß eine Revision auch des Gedanken nötig wäre. Ohnehin kann die Gültigkeit apriorischer Auslegungen durch Tatsachen welcher Art auch immer weder gestützt noch in Frage gestellt werden. Um zu sehen, welche Einwände unter diesen Umständen gleichwohl möglich sind, müssen wir berücksichtigen, wovon etwas und was hier ausgesagt wird. Wir nannten etwas „Wertungen" und sagten, daß es Auffassungen seien, und zwar solche, in denen etwas als gut oder als schlecht seiend aufgefaßt werde. Mit „Wertung" meinen wir hier – unbeschadet was dieser Ausdruck anderweitig bezeichnen mag – das und nur das, was wir in der Aussage angeben: eine Auffassung, in der etwas als gut oder als schlecht seiend aufgefaßt wird. Nicht um eine terminologische Festlegung handelt es sich, sondern von etwas wurde ausgesagt, was es ist. Derartige Aussagen können auch falsch sein, aber falsch sind sie nur dann, wenn das Prädikat Bestimmungen enthält, die einander ausschließen: Idem enim simul esse et non esse inpossibile est eidem et secundum idem[197].

Kann man nun sagen, daß der Begriff einer Auffassung, in der etwas als gut oder als schlecht seiend aufgefaßt und behauptet wird, Bestimmungen enthält, die einander ausschließen? Wurde also voreilig und unüberlegt Auffassungsakten aberkannt, was ihnen wesentlich ist, oder zugedacht, was ihnen durchaus nicht zukommen kann? Es müßte an dem liegen, als was hier etwas aufgefaßt werden soll: dies wäre etwas, dessen Begriff unmöglich prädikativ gebraucht werden könne. Indes, bestimmen wir Wertungen in der angegebenen Weise als Auffassungen, so denken wir – wenn vielleicht auch nur vag und widerspruchsvoll – als die hier geltend gemachte Bestimmtheit wirklich etwas. Da nun jeder Gedanke, in dem – so vag und widerspruchsvoll wie auch immer – etwas gedacht wird, als Prädikat dienen kann[198], steht nichts im Wege den Begriff einer solchen Auffassung als widerspruchsfrei anzusehen.

197. Aristoteles, Metaphysik 1005 b 19-20.
198. Nach Hägerström gibt es keine widerspruchsvolle Urteile. Jeder Versuch Urteilsvorstellungen zu bilden, die Sätzen wie „Hästen är en grästen" (Das Pferd ist ein Feldstein) entsprechen, müsse mißlingen, da man unmöglich

Charles Stevenson hat gegen Schluß des programmatischen Aufsatzes „The Emotive Meaning of Ethical Terms" (1937) eingeräumt, daß man die Deutung des „ethischen Urteils" (*ethical judgment*), die er hier in diesem Aufsatz vorgeschlagen hat, als unzureichend und als „*a way of begging the issue*" auffassen könne. Viele werden sagen, daß sie, wenn sie bezüglich eines Dings oder einer Handlung fragen, ob es gut sei, durchaus nicht mit lediglich rhetorischen Mitteln zur Einnahme einer bestimmten *attitude* — womit eine von jeder Art von *belief* strikt zu unterscheidende Einstellung oder Ausrichtung des Interesses gemeint ist — veranlaßt werden wollen. Sie werden sagen, daß die Antwort auf diese Frage zwar auf ihre Interessen einwirken werde, aber nur deshalb, weil „*an unique sort of t r u t h will be revealed to us — a truth which must be apprehended a p r i o r i*". Es sei diese Wahrheit und nichts außerdem, was ihre Interessen leiten solle. An deren Stelle „*mere emotive meaning and suggestion*" zu setzen dagegen bedeute „*to conceal from us the very object of our search*". Er, Stevenson, könne darauf nur antworten, daß er nicht verstehe: „*I do not understand. What is this truth to be a b o u t ? For I recollect no Platonic Idea, nor do I know what to t r y to recollect. I find no indefinable property, nor do I know what to look for. And the "self-evident" deliverances of reason,*

---

das eine als mit dem anderen identisch auffassen könne (Moralpsykologi (1917), S. 36f. der Ausgabe von Fries). — Freilich ist es unmöglich eine Behauptung aufzustellen, deren Ungereimtheit zutage liegt, wie es ja auch unmöglich ist, offensichtlich falschen Urteilen zuzustimmen. Die Frage aber ist, ob dies auch gilt, wenn die Unvereinbarkeit der Bestimmungen nicht ohne weiteres sichtbar ist. Hägerström zufolge wären Sätze wie „Das Pferd ist ein Feldstein" entweder nicht falsch und dann auch die Negation nicht wahr oder aber falsch ohne irgendein Urteil zu formulieren. Im übrigen scheint Hägerström selbst seine Ansicht nicht konsequent durchgeführt zu haben. So meint er, daß in der ausdrücklich als widerspruchsvoll gekennzeichneten Vorstellung der Wirklichkeit an sich oder der absoluten Wirklichkeit etwas bestimmtes Wirkliches als mit dem Begriff der Wirklichkeit identisch angenommen werde: „*Men "verkligheten i sig", den absoluta verkligheten, är en motsägande föreställning. Därmed antages något visst verkligt som identiskt med verklighetens begrepp*" (Art. „Hägerström", a.a.O. S. 91).

which so many philosophers have claimed, seem, on examination, to be deliverances of their respective reasons only (if of anyone's) and not of mine" Er hege den Verdacht, *„that any sense of "good" which is expected both to unite itself in synthetic a p r i o r i fashion with other concepts, and to influence interests as well, is really a great confusion"*[199].

Das ostentativ vorgetragene Nichtverstehen Stevensons — nach Harald Ofstad die beste Art der Verteidigung[200] — wie der Verdacht einer *great confusion* lenken beide den Blick auf das Problem, was denn das eigentlich sei, als was etwas in einem Akt, den wir der obigen Bestimmung gemäß als Wertung verstehen, aufgefaßt und behauptet wird und was wir mit den Ausdrücken „gut" und „schlecht" bezeichnen , und ob uns hier in der Tat Wahrheiten und gar solche, *„which must be apprehended a priori"*, zugänglich sind.

Das Problem, was in Werturteilen dem gewerteten Gegenstand denn zugesprochen werde, ist für Hägerström in Zusammenhang mit der Annahme aktuell geworden, daß im Anschluß an den sprachlichen Ausdruck echte Werturteile zustandekommen. Obwohl es sich bei den ursprünglichen Wertungen lediglich um Assoziationen handle, so werden sie doch durch Sätze zum Ausdruck gebracht, die grammatisch die Form von Aussagesätzen haben, und da von willkürlichen Wortzusammenstellungen nicht die Rede sein könne, sei „dann nichts natürlicher als daß man annimmt, daß das Wort Wert im Satz, ausgesagt als Prädikat, nun auch wirklich et-

---

199. Mind XLVI/1937, S. 30f. Sperrungen im Text. — Stevenson hat sich nicht darüber geäußert, worin die *confusion* bestehen soll. Er spricht zwar davon, es gelte „to a c c o u n t for the confusion — to examine the psychological needs which have given rise to it, and to show how these needs my be satisfied in another way", wenn ihr von vornherein das Wasser abgegraben werden soll, aber dies sei *„an enormous problem"* und seine eigenen *„reflections on it, which are at present worked out only roughly, must be reserved until some later time".* Dazu ist es m.W. nicht mehr gekommen.

200. *„The best policy for the empiricist is probably to say that he is unable to understand what the intuitionist is speaking about, but that he certainly will not deny that the intuitionist may have had certain experiences that he has not had"* (a.a.O. S. 51).

was am Gegenstand wirklich Vorhandenes bedeutet" (*Ingenting då naturligare än att man antager, att ordet värde i satsen utsagt som predikat, nu också verkligen betyder ngt hos föremålet verkligt förhanden*)[201]. Da „dem gedachten Etwas" (*det tänkta något*), von dem man meine, daß es durch Worte bezeichnet werde, die in den betreffenden Sätzen als Prädikate fungieren, durchaus keine Anschauung entspreche, „stellt man sich bei den Worten lediglich eine Bestimmtheit in abstracto, ein bestimmtes Etwas, als an der gedachten Sache beziehungsweise Handlung vorhanden vor, ohne sich eine Vorstellung davon bilden zu können, was diese Bestimmtheit ist" (*man föreställer sig vid orden endast en bestämdhet in abstracto, ett visst något, såsom förhanden hos den tänkta saken, resp. handlingen utan att kunna bilda sig en föreställning om, hvilken denna bestämdhet är*)[202]. Es sei gar nicht möglich „zu bestimmen, w a s dies sein sollte" (*att bestämma, v a d detta skulle vara*)[203]. Wenn wir angeben wollen, was wir hier im Unterschied zu anderen Eigenschaften eigentlich meinen, so bleibe uns nichts anderes übrig als auf den sprachlichen Ausdruck hinzuweisen und zu sagen: das, was dieser Ausdruck bezeichnet[204]. Nichtsdestoweniger glauben wir, wenn das betreffende Wort dann in anderweitigen Satzzusammenhängen wieder auftritt, dasselbe „unanschauliche Etwas" (*oåskådligt något*) wiederzufinden, wir behandeln es als ein „logisches Element" (*logiskt element*)[205] und operieren mit ihm wie mit anderen Eigenschaften.

Da aber dem so konzipierten „Begriff des Guten" (*det godas begrepp*)[206] ein sachlich fixierbarer Inhalt durchaus abgehe, weisen die Ureile, in denen er zur Anwendung kommt — Häger-

201. Moralpsykologi (1917), Manuskript 12:4, S. 65 (Fries S. 81).

202. Till frågan om den objektiva rättens begrepp, S. 72.

203. Moralpsykologi (1917), a.a.O. S. 66. (Fries S. 82). Sperrung im Text.

204. Vgl. Halldéns Begriff der *empty semantical property* (Emotive Propositions. Stockholm 1954. S. 40).

205. Till frågan om den objektiva rättens begrepp, S. 72f.

206. Moral och verldsåskådning (Frühjahr 1921), Manuskript 11:4, S. 66 (S. 146 in dem unter dem Titel „Moralpsykologi" von M. Fries herausgeg. Band).

ström spricht von „Werturteilen" (*värdeomdömen*)[207] und „moralischen Urteilen" (*moraliska omdömen*)[208] — Widersprüche auf. Sagen wir nämlich von jemandem, er sei ein guter Mensch, so sei stets auch „eine bestimmte objektive Eigenschaft" (*en viss objektiv egenskap*) mit im Spiel, wodurch er uns gut zu sein scheine: wir meinen etwa, er sei besonnen, verständnisvoll, hilfsbereit und deshalb gut. Man könne aber nicht sagen, der Betreffende habe all diese Eigenschaften, er sei besonnen, verständnisvoll und hilfsbereit, und „daneben" (*därjämte*) sei er gut. Denn unmöglich könne die „Gutheit" (*godhet*) selbst eine Eigenschaft „neben" (*jämte, vid sidan av*) diesen Eigenschaften sein[209]. Dies aber bedeute, daß „man die Gutheit für sich nicht von den Eigenschaften abtrennen kann, zu denen sie gehören sollte" (*man icke kan skilja ut godheten för sig från de egenskaper, till vilka den skulle höra*)[210]. Die Gutheit, also „die Eigenschaft, gut zu sein" (*egenskapen att vara god*), lasse sich von „den Eigenschaften, wodurch ein Mensch gut ist" (*de egenskaper, varigenom en människa är god*)[211] nicht nur nicht abtrennen, sie sei von ihnen auch nicht zu unterscheiden[212]. Andererseits aber könne sie mit diesen nicht identisch sein. Denn diese Eigenschaften seien durchaus der psychologischen Beobachtung zugänglich und wenn wir von einem Menschen sagen, daß er sie besitze, so konstatieren wir lediglich ein Faktum ohne zu werten[213]. Das moralische Urteil rechne also mit einer Eigenschaft, die von anderen zugleich abtrennbar und nicht abtrennbar, unterscheidbar und nicht unterscheidbar sei.

207. ebd. S. 7 (Fries S. 116) u.a.

208. ebd. S. 20 (Fries S. 123) u.a.

209. ebd. S. 2ff. (Fries S. 114f.). — Auerbachs Wörterbuch zufolge kann „*därjämte*" auch in der Bedeutung von „außerdem", „überdies" gebraucht werden.

210. ebd. S. 24 (Fries S. 126).

211. ebd. S. 2f. (Fries S. 114).

212. ebd. S. 55 (Fries S. 141): Das Gute zeichne sich dadurch aus, in sich selbst wirklich zu sein, „da dessen Eigenschaft, die Gutheit, obwohl sie hier anzutreffen sein soll, von dem, was gut ist, nicht unterschieden werden kann" (*emedan dess egenskap godheten ehuruväl den skall finnas där icke kan urskiljas från det som är gott*).

213. ebd. S. 3 (Fries S. 114).

Außerdem implizieren diese Urteile die Annahme einer „übersinnlichen Wirklichkeit" (*översinlig verklighet*)[214], einer Wirklichkeit „neben und über der gegebenen" (*jämte och över den givna*)[215]. Wenn wir von Gegenständen behaupten, daß ihnen gewisse Eigenschaften zukommen, so können wir nur sagen, daß diese ihnen faktisch, unter den gegebenen Umständen, nicht aber, daß sie ihnen schlechterdings zukommen[216]. Das Urteil dagegen, in dem von einem bestimmten Menschen gesagt werde, daß er gut sei, und das damit verbundene „Urteil über das Ideal" (*omdömet om idealet*), in dem behauptet werde, „daß es gut ist, ein solcher Mensch zu sein" (*att det är gott att vara en sådan människa*)[217], verknüpfen ohne Rücksicht auf tatsächliche Zusammenhänge die Eigenschaft, gut zu sein, mit gewissen objektiven Eigenschaften. Diese gelten als schlechterdings gut, gleichgültig ob und unter welchen Umständen sie in der zeiträumlichen Wirklichkeit anzutreffen seien. Wie in jedem Urteil so werde auch hier der Urteilsinhalt als real gesetzt. Da es sich hier nicht um die faktische Wirklichkeit in Raum und Zeit handeln könne, so bedeute dies, daß wir die betreffenden Eigenschaften einer anderen, übersinnlichen Wirklichkeit zuweisen. Wir bekommen also „eine besondere Welt der moralischen Ideale" (*en särskild de moraliska idealens värld*)[218], von deren Existenz wir ebenso fest überzeugt

214. ebd. S. 13 (Fries S. 120).
215. ebd. S. 55 (Fries S. 141).
216. ebd. S. 6f. (Fries S. 116f.).
217. ebd. S. 10ff. (Fries S. 119). — Während im theoretischen Urteil es lediglich darum gehe zu bestimmen, „was wirklich ist" (*vad som är verkligt*), nicht aber „der Wirklichkeit als solcher ein bestimmtes Prädikat zuzuweisen" (*att tilldela verkligheten ss. sdn. ngt. visst predikat*), sei im Urteil über das Ideal „eine vorausgesetzte Wirklichkeit als Wirklichkeit" (*en förutsatt verklighet ss. verklighet*) Subjekt und sie habe ein Prädikat (ebd.). Nach Hägerström aber ist „jedes Urteil über die Wirklichkeit selbst von etwas eine innere Unmöglichkeit" (*varje omdöme om själva verkligheten av ngt. en inre omöjlighet*), denn von einer bestimmten, gegen einer anderen stehenden Wirklichkeit könne man nicht Wirklichkeit „ohne jede Bestimmtheit" (*utan varje bestämdhet*) aussagen (21f. Fries S. 125).
218. ebd. S. 21 (Fries S. 124).

seien wie davon, daß Sätze, die moralische Wertschätzungen zum Ausdruck bringen, Urteile formulieren[219].

Diese fiktive Welt weise nun gewisse Eigentümlichkeiten auf, die vom „moralischen Ursprung"[220] herrühren. Während nämlich „der körperlichen und zeitlichen Wirklichkeit in jedem ihrer Momente Selbständigkeit abgeht, weil alles darin nur in Beziehung zu anderem seine Bestimmtheit hat" (*den kroppsliga och tidliga verkligheten saknar i varje sitt moment självständighet, emedan allt däri endast i förhållande till annat har sin bestämdhet*)[221] — jeder Moment im Raum sein neben einem anderen, jeder Moment in der Zeit vor oder nach einem anderen — gelte für jene übersinnliche Wirklichkeit, daß „das einzelne Moment ein selbständiges Dasein und in dieser seiner Selbständigkeit seine besondere Bestimmtheit hat" (*det särskilda momentet har en självständig tillvaro och i denna sin självständighet har sin säregna bestämdhet*)[222]. Der Charakter des moralischen Urteils biete hier eine Erklärung. Zunächst nämlich seien wir geneigt, „das Ganze, an dem wir eine Bestimmtheit antreffen, als deren Grund oder Ursache zu betrachten" (*att betrakta det hela, hos vilket vi finna en bestämdhet, ss. grund eller orsak till denna*)[223]. Bezogen auf das moralische Urteil heiße dies, daß die

219. ebd. S. 23 (Fries S. 126). — Im Hinblick auf das Pflichtbewußtsein hat Hägerström bereits in der Schrift über den objektiven Rechtsbegriff einen ähnlichen Gedanken entwickelt: Der Satz „*Denna handling är plikt*" (Diese Handlung ist Pflicht) habe „die Vorstellung von dieser Handlung als eine gewisse Bestimmtheit besitzend, die der Bezeichnung „Pflicht" entspricht" (*föreställningen om denna handling såsom ägande en viss bestämdhet, som svarar mot beteckningen "plikt"*) zur Folge. Die betreffende Handlung werde hier als wirklich seiend aufgefaßt, aber nicht „als dem Wirklichkeitszusammenhang zugehörend, dessen Elemente konkreten oder anschaulichen Charakter haben" (*såsom tillhörande det verklighetssammanhang, hvars elementer ha konkret eller åskådlig karaktär*). Sie existiere „in der Welt der „Pflicht", nicht in „unserer" Welt (*i "pliktens" värld, ej i "vår" värld*) (S. 73f.).

220. Moral och världsåskådning, a.a.O. S. 34 (Fries S. 132): „der moralische Ursprung der übersinnlichen Wirklichkeit" (*det moraliska ursprunget till den översinliga verkligheten*).

221. ebd. S. 25 (Fries S. 127).

222. ebd. S. 14 (Fries S. 120).

223. ebd. S. 24 (Fries S. 126).

gute Eigenschaft leicht auch als Ursache ihrer Gutheit aufgefaßt werde. Da nun dies keine besondere Eigenschaft sei, die man von jener unterscheiden könne, gelte die gute Eigenschaft als „Ursache ihrer selbst" (*orsak till sig själv*)[224]. Damit aber „wird die Welt des Ideals eine Wirklichkeit, wo jedes Moment und damit auch diese Welt im Ganzen selbständig ist" (*blir idealets verld en verklighet, där varje moment är självständigt och därmed också denna verld i det hela*)[225]. Eine „idealistische Weltanschauung" (*idealistisk verldsåskådning*), welche die Existenz geistiger Wesenheiten behaupte, sei dann „eine natürliche Folge" (*en naturlig följd*)[226], wenn auch „die Macht des moralischen Urteils" (*det moraliska omdömets makt*) keineswegs die einzige Ursache sei[227]. Die im moralischen Urteil implizierte Fiktion einer übersinnlichen Wirklichkeit werde zu einem Ausgangspunkt metaphysisch-idealistischer Systembildungen. Die Systeme Platons und Spinozas z.B. seien „als aus moralischen Urteilen entsprungen zu betrachten" (*att betrakta som framsprungna ur moraliska omdömen*)[228].

Die Ausführungen der Vorlesung „Moral och verldsåskådning" zu dem, wie die „gute Eigenschaft"[229] beschaffen sein müßte, machen den Schluß verständlich, den Hägerström in der Selbstcharakteristik für Alf Ahlbergs Lexikon zieht:

„Werterkenntnis unmöglich. Denn jede Erkenntnis ist ein Bestimmen dessen, was wirklich ist. Aber der Wert kann nicht eine Wirklichkeit neben der theoretischen sein. Denn die Beziehung zwischen ihnen würde unbestimmt werden. Das, was als real bestimmt wird, indem man den Wert und die Welt der Erfahrung als z u - s a m m e n wirklich faßt, besitzt also keine Bestimmtheit. D.h. die Auffassung ist widersprüchlich" (*Kunskap om värde omöjlig.*

---

224. ebd. S. 25 (Fries S. 127). – S. 56: „Damit ist das Gute Ursache seiner eigenen Wirklichkeit" (*Därmed är det goda orsak till sin egen verklighet*).

225. ebd. S. 24f. (Fries S. 126).

226. ebd. S. 25 (Fries S. 127).

227. ebd. S. 69 (Fries S. 147).

228. ebd. S. 37 (Fries S. 134).

229. ebd. S. 24 (Fries S. 126): „die Eigenschaften, die gut sind" (*de egenskaper, som äro goda*).

Ty all kunskap är ett bestämmande av vad som är verkligt. Men värdet kan icke vara en verklighet jämte[230] *den teoretiska. Ty förhållandet dem emellan skulle bli obestämt. Det, som bestämmes som realt, i det man fattar värdet och erfarenhetsvärlden som t i l l s a m m a n s verkliga, saknar sålunda bestämdhet. D.v.s. uppfattningen är motsägande)*[231]. — Wenn es wirklich Werte gäbe, argumentiert Hägerström, müßte es möglich sein, sie in einer einzigen in sich widerspruchsfreien Vorstellung als zusammen mit dem wirklich seiend zu denken, was in Raum und Zeit vorhanden ist und Gegenstand wertungsfreier Erkenntnis werden kann. Um beides als zusammen wirklich seiend denken zu können, müsse man das eine zum anderen in Beziehung setzen und widerspruchsfrei wäre der Gedanke nur dann, wenn diese Beziehung als eine bestimmte Beziehung gedacht werde. Da aber das Neben- und Nacheinander in Raum und Zeit selbständiges Existieren nicht zulassen, Wert und Erfahrungswirklichkeit also einander durchaus ausschließen, müsse hier der Grundsatz gelten: ,,A und das von A Ausgeschlossene können nicht zusammen wirklich gedacht werden ohne daß A als in Zeit oder Raum außerhalb Nicht-A fallend bestimmt wird" (*A och det från A uteslutna kunna icke tänkas tillsammans verkliga, utan att A bestämmes som fallande utanför icke-A i tid eller rum)*[232]. Der Wert aber, der einer übersinnlichen Wirklichkeit zugehörig gedacht werden müsse, lasse sich in Raum und Zeit nicht lokalisieren. Unmöglich könne er als außerhalb dessen liegend gedacht werden, was kein Wert ist. Die Beziehung zu demselben wäre ,,unbestimmt"[233] und die Vorstel-

230. ,,*jämte*", hier mit ,,neben" übersetzt, hat auch die Bedeutung von ,,zugleich mit", ,,zusammen mit".

231. a.a.O. S. 91.

232. ebd. S. 89.

233. In welchem Sinne hier von einer ,,unbestimmten" Relation die Rede ist, läßt sich vielleicht einem von Hägerström gewählten Beispiel entnehmen (ebd. S. 89): ,,Es ist unmöglich, den Kreis u n d das Quadrat als zusammen wirklich zu denken ohne das eine als im Raum außerhalb des anderen liegend zu fassen. Die Beziehung zwischen ihnen wird sonst unbestimmt. Beide fallen zusammen" (*Att tänka cirkeln o c h kvadraten såsom tillsammans verkliga utan att fatta den ena som liggande utanför den andra i rummet, är omöjligt.*

lung, in der beides als zusammen wirklich gedacht würde, widersprüchlich.

Die Ausführungen Hägerströms in „Moral och verldsåskådning" zur Psychologie des Wertbewußtseins können nicht ohne Widerspruch hingenommen werden. Zunächst ist es keineswegs so, daß von den Eigenschaften, wodurch Menschen gut zu sein scheinen, sowohl gilt, daß die Gutheit sich nicht neben sie stellen läßt, als auch, daß sie wertungsfrei feststellbar sind. Bei diesen Eigenschaften handelt es sich entweder um solche, deren Begriff den des Gutseins bereits in sich enthält, die also von vornherein als bestimmte Gestalten oder Ausformungen desselben gedacht werden, oder um solche, bei denen dies nicht der Fall ist. Von den ersteren gilt zwar, daß die Gutheit sich nicht neben sie stellen läßt, nicht aber auch, daß sie sich wertungsfrei feststellen lassen, während es sich bei den letzteren genau umgekehrt verhält. Sagen wir also von jemandem, er sei ehrlich und aufrichtig, so liegt darin immer auch eine moralische Wertschätzung. Anders verhält es sich, wenn wir jemanden couragiert nennen, obwohl diese Eigenschaft für eine moralische Beurteilung keineswegs unerheblich ist. Will man eine solche hinzufügen, so steht nichts entgegen etwa zu sagen, er sei couragiert und außerdem ein anständiger Kerl. — Auch läßt der Satz, daß die Gutheit sich nicht neben gewisse Eigenschaften stellen läßt, keineswegs den Schluß zu, daß sie sich von diesen nicht unterscheiden lasse. Von einem Pferd können wir ja auch nicht sagen, es sei ein Hengst und außerdem noch ein Lebewesen, obwohl wir sehr wohl Hengst und Lebewesen voneinander unterscheiden. Dieses Beispiel zeigt überdies, daß wir von gewissen Bestimmtheiten durchaus behaupten können, sie seien schlechterdings und nicht nur den Umständen nach mit anderen verknüpft. Wenn ein Tier ein Hengst ist, so ist es schlechterdings und nicht nur gewissen Umständen zufolge ein Pferd.

Förhållandet dem emellan blir annars obestämt. Båda sammanfalla). Werden also Dinge, die sich wie Kreis und Quadrat vorneinander unterscheiden, in einem Gedanken wirklich gesetzt und aufeinander bezogen, nicht aber im Raum verschieden lokalisiert, dann wird — so können wir das Argument verstehen — die Relation zwischen ihnen als ein Auseinander und zugleich nicht als ein Auseinander, mithin „unbestimmt" d.i. widersprüchlich aufgefaßt.

Charaktereigenschaften beurteilen und ideale Zustände vorstellen heißt nicht, ihnen Realität zusprechen. Die Ansicht Hägerströms, das moralische Urteil impliziere die Annahme einer von der raumzeitlichen unterschiedenen höheren Welt, fußt auf einer zu engen Auffassung des Urteils[234]. Der in der Selbstcharakteristik vorgelegte Versuch, die Unmöglichkeit von Werterkenntnissen zu beweisen, setzt außerdem voraus, daß das, was vielleicht nicht einmal für Kreis und Quadrat zutrifft, nämlich daß sie nur unter Voraussetzung einer verschiedenen Lokalisierung als zusammen wirklich seiend gedacht werden können, für durchaus alles gilt, was einander ausschließt[235]. Der Versuch, auf diese Weise ein Argument gegen die Annahme der Existenz übersinnlicher Welten zu gewinnen, ist in der Literatur denn auch auf Skepsis gestoßen. Anders Wedberg spricht in diesem Zusammenhang von der „vielleicht ein wenig primitiven Logik" (kanske en smula primitiva logiken) Hägerströms und seiner „beinahe visuellen Betrachtungsweise" (nästan visuella betraktelsesätt)[236].

Die Vorstellung, daß dem gewerteten Gegenstand eine besondere Eigenschaft, „die Eigenschaft, gut zu sein" (egenskapen att vara god), zukomme, rührt Hägerström zufolge von einem Mißverständnis her: das Wort „gut", das doch lediglich ein Gefühl zum Ausdruck bringe, sei als Name einer bestimmten Eigenschaft verstanden worden. Ein derartiges Mißverständnis muß aber keineswegs zur Folge haben, daß wir — wie Hägerström meint — die vorgestellte Eigenschaft nur anhand des Ausdrucks, der sie angeb-

234. s.o. S. 59-64.
235. Konrad Marc-Wogau hat im Aufsatz „Axel Hägerströms verklighetsteori" (1940, in erweiterter Form wieder 1968) gegen Hägerström eingewandt, daß die Relation zwischen Kreis und Quadrat nicht als räumliche Relation gedacht werden muß. Es genüge, wenn irgendeine Relation, die zwischen ihnen bestehen könne, gedacht werde. Anders verhalte es sich mit der anschaulichen Vorstellung: diese scheine ohne räumliche Relationen nicht auskommen zu können (Studier till Axel Hägerströms filosofi (1968), S. 97f.). Hägerströms Standpunkt wurde von Martin Fries verteidigt: Verklighetsbegreppet enligt Hägerström (1944), S. 518.
236. Filosofins historia. Från Bolzano till Wittgenstein. Stockholm 1966. S. 372.

lich benennt, von anderen unterscheiden können. Dies würde in der Tat bedeuten, daß es die betreffende Eigenschaft nicht gibt und auch nicht geben kann.

Versuchen wir nun die Eigenschaft näher zu bestimmen, die der Ausdruck „gut" – wirklich oder nur dem Vermeinen nach – bezeichnet!

Einen Zugang bietet, daß die gemeinte Eigenschaft dort vorzuliegen, wo wir Zwecke annehmen, und dem zuzukommen scheint, von dem wir meinen, daß es seinen Zweck in der Tat auch realisiert. Unter bestimmten Voraussetzungen können wir ganz allgemein sagen, daß etwas dann und nur dann gut ist, wenn und sofern es seinen Zweck erfüllt, und schlecht, wenn und sofern es ihn nicht erfüllt. Freilich ist dann der Zweck nicht ohne weiteres mit dem Objekt des Wollens gleichzusetzen. Aber selbst dann, wenn überhaupt keine Relation auf ein Wollen vorliegt, bleibt unabdingbar, daß es sich um etwas handeln muß, was das, wovon es Zweck ist, gut machen kann und, wenn es in ihm oder durch es verwirklicht ist, auch wirklich gut macht[237].

Damit hat uns der Versuch, den Begriff des Zweckes zu bestimmen, wieder auf den des Guten zurückgeführt. Wäre unsere Absicht eine Definition gewesen, hätten wir uns eines Fehlers schuldig gemacht. Dennoch war dieser erste Schritt zur Bestim-

---

237. Zwar scheinen noch andere Wege offenzustehen, den Begriff des Guten zu bestimmen: wir können sagen, gut sei, was einen gewissen Standard erreicht, eine Norm erfüllt oder ein Ideal realisiert. Aber als Norm, Standard oder Ideal läßt sich etwas nur dann geltend machen, wenn zugleich das zur Sprache gebracht wird, von dem wir meinen, daß es etwas, wenn es in ihm oder durch es verwirklicht ist, gut macht, das also, was wir seinen Zweck genannt haben. Machen wir uns daran etwas wertend zu beurteilen, so setzen wir es in Beziehung zu dem, was uns dasjenige zu schein scheint, w o d u r c h es gut ist, wenn es gut ist. Wir messen es gleichsam und wenn wir ein Übereinstimmen konstatieren können, sagen wir, es sei gut. – Es ist natürlich nicht ausgeschlossen, daß der Ausdruck „gut" im Deutschen (bzw. die entsprechenden Ausdrücke in anderen Sprachen) andere oder noch andere Bedeutungen aufweist als die eine, auf die es uns hier ankommt und die wir zu bestimmen suchen. Dies können wir auf sich beruhen lassen. Es sollte selbstverständlich sein, daß unsere Absicht nicht die ist, Wörterbuchangaben zu korrigieren oder komplettieren.

mung der fraglichen Eigenschaft nicht vergeblich: der Zirkel, wenn er nicht zu vermeiden ist, zeigt, daß wir es mit etwas zu tun haben, was sich nicht definieren läßt. Und in der Tat wird jede Bestimmung des Guten, wenn sie vollständig sein und auch das Spezifische desselben zur Sprache bringen will, zirkulär. Was es heißt gut zu sein, läßt sich ohne Rückgriff auf wertende Ausdrücke nicht zureichend sagen. Wer meint, daß solche Ausdrücke vermieden werden können, hat die Frage mißverstanden.

Zweck ist etwas nur dann, wenn es bestimmten Erfordernissen genügt. Trifft es zu, daß gut sein heißt seinen Zweck erfüllen, kann nur das Zweck sein, was selbst gut ist. Wird jemand von Kopfschmerzen geplagt, die nach Einnahme einer Aspirintablette verschwinden, so kann der schmerzfreie Zustand nur dann die Einnahme der Tablette rechtfertigen, wenn dieser Zustand etwas Gutes und Erstrebenswertes ist. Damit aber gilt für den Zweck, was durchaus für alles gilt, was gut ist: er ist auf einen Zweck bezogen und erfüllt ihn auch. Dieser Zweck, der Zweck aller Zwecke und damit all dessen, was überhaupt einen Zweck hat, ist gut zu sein. Das Gutsein allein hat nicht etwas Anderes sondern sich selbst zum Zweck. Die Vorstellung, daß die Frage nach dem Zweck des Zweckes in einen unendlichen Progreß führen müsse, beruht auf einem Mißverständnis.

Wenn, wie wir sagten, der Zweck von etwas das ist, wodurch es, wenn es ihn realisiert, gut ist, so ist gut zu sein der Zweck von durchaus allem, was ist. Es gibt auch in der Tat nichts, wovon man nicht sagen könnte, es habe den Zweck gut zu sein. Dies aber heißt, daß durchaus alles einen Zweck hat und nichts ohne einen solchen ist. Dann aber kann auch von einem jeden Etwas gesagt werden, daß es seinen Zweck entweder erfüllt und gut ist oder aber, wenn und sofern es seinen Zweck nicht erfüllt, schlecht ist. Es gibt dann nichts, was indifferent weder das eine noch das andere wäre. Ein Anschein von Indifferenz mag aufkommen, wenn keine der gerade präsenten Alternativen einen Vorzug vor der anderen zu besitzen scheint und es als gleich gilt, ob das eine oder das andere geschieht. Aber dieser Eindruck verflüchtigt sich sobald gewichtigere Alternativen aktuell werden. Verglichen mit dem, was wirklich als etwas Schlimmes erlebt wird, erscheint das vorgeblich Indifferente immer noch als das Bessere.

Da durchgängig alles, was ist, auf einen Zweck bezogen und dann entweder gut oder schlecht ist, muß dies auch für die Bestimmtheit, auf einen Zweck bezogen zu sein, gelten. Unmöglich aber wird man in dieser Bestimmtheit, rein für sich betrachtet, etwas Schlechtes sehen können. Ist sie gut, so wird man von durchaus allem, was ist, sagen können, daß es — wenn vielleicht auch nur im Ansatz und unvollkommen — gut ist. Schlecht ist etwas nur unter der Voraussetzung, daß es auf einen Zweck bezogen und, da bereits dies eine gewisse Angemessenheit und Erfüllung mit sich bringt, gut ist. Das Schlechtsein erweist sich als eine negative Bestimmtheit, die Dingen und Eigenschaften nur dann zukommen kann, wenn ihnen das entsprechende Positive zukommt. Dieserart Negativität kennzeichnet z.B. den Irrtum oder auch den Zustand der Krankheit. In beiden ist negiert, was doch zugleich vorausgesetzt wird und in der Negation fortbesteht. Auch in irrigen Auffassungen wird das, was aufgefaßt wird, als das aufgefaßt, was es ist. Andernfalls wäre es nicht möglich, den gemeinten Gegenstand, dem irrigerweise zugesprochen, was ihm abgeht, oder abgesprochen wird, was ihm zukommt, zu identifizieren und auf diese Weise eine Instanz zur Beurteilung der irrigen Auffassung zu gewinnen. Hätte man nicht von vornherein die Sache so aufgefaßt, wie sie wirklich ist, auf keine Weise könnte man des Irrtums innewerden. Sowenig die ursprüngliche Auffassung ein nachfolgendes Verfehlen verhindert, ohne sie wäre keine Korrektur möglich. Wie der Irrtum stets voraussetzt, daß die Sache unverfälscht aufgefaßt wird, so auch die Krankheit, daß der Organismus, an dem sie auftritt, lebt und zumindest in einem gewissen Grade seine vitalen Funktionen ausübt. Mit dem Aufhören des Lebens verschwindet auch die Krankheit.

Von dem, was schlecht ist, können wir also sagen, daß es eine parasitäre negative Bestimmtheit aufweist: ihm kommt etwas zu, was ihm doch zugleich abgesprochen werden muß, und nur solches, was derart gespalten und mit sich uneins ist, kann schlecht sein. Dann aber ist alles, was mit sich eins und sofern es mit sich eins ist, nicht schlecht sondern – eine andere Möglichkeit steht ja nicht zu Gebot – gut. Ist etwas in jeder Rücksicht mit sich eins, entfällt damit auch die Möglichkeit schlecht zu sein, es wäre durchaus und allseitig gut. Fragen wir, welcherart Bestimmtheit das Gutsein demnach sein müsse, können wir also ausschließen, daß es sich um eine negativ-parasitäre, Uneinigkeit mit sich führende Bestimmung handeln könne. Denn sofern etwas mit sich eins ist, ist es gut, und sofern es mit sich eins ist, ist es gewiß nicht mit sich uneins . Dann aber ist auch alles, was mit sich uneins und sofern es dies ist, nicht gut sondern – eine dritte Möglichkeit kommt ja nicht in Betracht – schlecht.

Unser Versuch, sich über das „gedachte Etwas", das der Ausdruck „gut" zu bezeichnen scheint, klar zu werden, hat also endlich dazu geführt, daß wir sagen können: wenn und soweit etwas mit sich eins ist, ist es gut, und wenn und soweit etwas mit sich uneins ist, ist es schlecht. Wir können ein genaues Entsprechen der Bestimmungen konstatieren. Eine Identität der Begriffe ist damit nicht behauptet, noch weniger wurde eine Definition vorgelegt. Nichtsdestoweniger zeigt die Analyse, die uns zu diesem Resultat geführt hat, Schritt für Schritt, daß die zu bestimmende Eigenschaft keineswegs nur durch den sprachlichen Ausdruck sich von anderen unterscheidet. Auch deutet nichts darauf hin, daß der Begriff des Guten in sich widersprüchig und aus einer *great confusion* hervorgegangen wäre.

Anhang

LITERATURVERZEICHNIS

I. Texte

A. Publikationen

I moralpsykologiska frågor. *Psyke* 1907, S. 273-287, und 1908, S. 85-99.

Kritiska punkter i värdepsykologien. In: Festskrift tillägnad E.O. Burman på hans 65-års dag. Uppsala 1910. S. 16-75.

Till frågan om den objektiva rättens begrepp. I. Viljeteorin. Uppsala 1917.

Art. „Hägerström". In : Alf Ahlberg, Filosofiskt lexikon. Stockholm 1925. S. 89-92.

Selbstdarstellung. In: Die Philosophie der Gegenwart in Selbstdarstellungen. Hrsg. von Raymund Schmidt. Bd. VII. Leipzig 1929. S. 111-159.

Moralpsykologi. Hrsg. von Martin Fries. Stockholm 1952.

Socialfilosofiska uppsatser. Hrsg. von Martin Fries. Zweite Auflage. Stockholm 1966.

B. Manuskripte (mit Angabe des Kennzeichens, mit dem die betreffende Handschrift in dem von Martin Fries für die Universitätsbibliothek Uppsala angefertigten Katalog versehen ist)

Till den praktiska filosofiens propedeutik. Valda frågor ur kunskapsteorien. Manuskript 5:5, Herbst 1908.

Värdepsykologi. Manuskript 9:2, Frühjahr 1910.

Värdepsykologi. Manuskript 8:3, Herbst 1910.

Nyare viljepsykologiska teorier. Manuskript 5:6, Frühjahr 1911.

Värdepsykologi. Manuskript 11:3, Herbst 1912.

Den moraliska värderingen. Manuskript 9:10, Frühjahr 1913.

Inledning till den praktiska filosofien. Manuskript 6:5. Frühjahr 1914.

Moralpsykologi. Manuskript 12:4, 1917.

Värdelära och värdepsykologi. Manuskript 7:1, 1917/18.

Moral och verldsåskådning. Manuskript 11:4, Frühjahr 1921.

Analys av fråge-, utrops- och önskesatser. Manuskript 6:1, 1922.

Sambandet mellan rättsliga och moraliska föreställningar. Manuskript 12:6, 1925.

II.

Ahlberg, Alf
Hans Larsson, Ernst Cassirer och Axel Hägerström. *Insikt och handling*
I/1955. S. 5-15.

Albert, Hans
1. Theodor Geigers „Wertnihilismus". Kritische Bemerkungen zu Reh-
feldts Kritik. *Kölner Zeitschrift für Soziologie und Sozialpsychologie*
7/1955. S. 93-100.
2. Ethik und Meta-Ethik. Das Dilemma der analytischen Moralphilosophie (1961). Wieder in: Werturteilsstreit. Hrsg. von Hans Albert und
Ernst Topitsch. Darmstadt 1971. S. 472-517.
3. Theorie und Praxis. Max Weber und das Problem der Wertfreiheit und
der Rationalität (1966). Wieder in: Werturteilsstreit, s.o. S. 200-236.
4. Traktat über kritische Vernunft. Tübingen 1968.

Andersson, Jan und Furberg, Mats
Moral. En bok om ord, känsla och handling. Stockholm 1971.

Apéria-Meurling, Hélène
Axel Hägerström. Samtal med en svensk tänkare. *Ord och bild* 48/1939.
S. 419-422.

Aristoteles
Metaphysica. Ed. Gudrun Vuillemin-Diem. Brüssel 1970.

Auerbach, Carl
Svensk-tysk ordbok. Stockholm 1907-16.

Axiological Nihilism. Some Theses. *Inquiry* 4/1961. S. 274-290.

Becker, Werner
Die mißverstandene Demokratie. Über die Ideologie der Legitimations-
krise. *Neue Rundschau* 86/1975. S. 357-375.

Bergström, Lars
1. Meaning and Morals. In: Contemporary Philosophy in Scandinavia.
Hrsg. von Raymond E. Olson und Anthony M. Paul. Baltimore und London 1972. S. 185-195.
2. Värdenihilism och argumentation i värdefrågor. *Filosofisk tidskrift*
1/1980. S. 35-56.

Bohlin, Torsten
Das Grundproblem der Ethik. Über Ethik und Glauben. Uppsala und
Leipzig 1923.

Bohman, Svante
Analyser av medvetandet jämte viljandet och värderingen. Landskrona
1974.

Broad, C.D.
1. Is "Goodness" a Name of a simple Non-Natural Quality? *Proceedings of the Aristotelian Society. New Series* XXXIV/1934. S. 249-268.
2. Hägerström's Account of Sense of Duty and Certain Allied Experiences. *Philosophy* XXVI/1951. S. 99-113.

Carnap, Rudolf
1. Philosophy and Logical Syntax. London 1935.
2. Replies and Systematic Expositions. In: The Philosophy of Rudolf Carnap. Ed. by Paul Arthur Schilpp. La Salle/Ill. 1963. S. 859-1013.

Cassirer, Ernst
Axel Hägerström. Eine Studie zur schwedischen Philosophie der Gegenwart. Göteborg 1939.

Dahlquist, Thorild
Theoretical Philosophy, Practical Philosophy. Some Pages from the History of Philosophy in Uppsala. In: Faculty of Arts at Uppsala University. History, Art and Philosophy (Acta Universitatis Upsaliensis. Uppsala University 500 Years. Vol. 5). Uppsala 1976. S. 129-146.

Ericson, Per, Hof, Hans und Jeffner, Anders
Filosofi för gymnasiet. Stockholm 1970.

Fries, Martin
1. Modärn moral- och rättsfilosofi i Uppsala. *Det nya Sverige* 21/1927. S. 200-218.
2. Moral och sanning. Metafysik —kunskapsteori. *Det nya Sverige* 21/1927. S. 429-437.
3. Till frågan om innebörden av begreppen självmedvetande, verklighet, ofullkomlig förnimmelse och förhållandet Gud-fenomen i Boströms definitiva filosofi. Kritiska anmärkningar vid en Boströmavhandling. *Theoria* IV/1938. S. 273-282.
4. Das subjektive Recht und der Realitätsbegriff. Einige Worte anläßlich Docent Marc-Wogaus Bemerkungen gegen Professor Olivecronas Schrift „Gesetz und Staat" (Om lagen och staten). *Theoria* VII/1941. S. 135-140.
5. Verklighetsbegreppet enligt Hägerström. En systematisk framställning av grundtankarna i Hägerströms kunskapsteori med särskild hänsyn till hans lära om verklighetsbegreppet. Uppsala und Leipzig 1944.
6. Värde och verklighet. En undersökning av grundtankarna i Hägerströms värdeteori. In: Festskrift till Anders Karitz. Uppsala und Stockholm 1946. S. 221-266.
7. Einleitung zu „Axel Hägerström, Socialfilosofiska uppsatser". Zweite Auflage. Stockholm 1966. S. 9-33.

Fröström, Lars
Axel Hägerströms analys av värdeupplevelsen. Ett förslag till omformu-

lering av Axel Hägerströms teori om värdeupplevelsen som en association mellan en känsla och en föreställning. In: Logik, rätt och moral. Filosofiska studier tillägnade Manfred Moritz på 60-årsdagen den 4 juni 1969. Lund 1969. S. 49-60.

Furberg, Mats s. Andersson, Jan

Geiger, Theodor

1. Debat med Uppsala om moral og ret. Lund 1946.

2. Svar til Professor Alf Ross. *Juristen* XXVIII/1946. S. 309-319.

3. Vorstudien zu einer Soziologie des Rechts. Kopenhagen 1947.

4. Kritische Bemerkungen zum Begriffe der Ideologie. In: Gegenwartsprobleme der Soziologie. Alfred Vierkandt zum 80. Geburtstag. Hrsg. von Gottfried Eisermann. Potsdam 1949. S. 141-156.

5. Ideologie. In: Handwörterbuch der Sozialwissenschaften. 5. Bd. Tübingen und Göttingen 1956. S. 179-184.

6. Evaluational Nihilism. *Acta Sociologica* 1/1956. S. 18-25.

7. Die Gesellschaft zwischen Pathos und Nüchternheit. Kopenhagen 1960.

8. Ideologie und Wahrheit. Eine soziologische Kritik des Denkens. Zweite Auflage. Neuwied und Berlin 1968.

Grossner, Claus

Reform ohne Revolution. DIE ZEIT, 20. März 1970.

Gustafsson, Lars

1. The Public Dialogue in Sweden. Current Issues of Social, Esthetic and Moral Debate. Stockholm 1964.

2. Kritik av värdenihilismen (1969). Unter dem Titel „Om värdeteori" wieder in: Filosofier. Stockholm 1979. S. 170-185.

Gyllenkrok, Axel

Systematisk teologi och vetenskaplig metod med särskild hänsyn till etiken. Uppsala und Wiesbaden 1959.

Halldén, Sören

Emotive Propositions. A Study of Value. Stockholm 1954.

Hartnack, Justus

Art. „Scandinavian Philosophy". In: The Encyclopedia of Philosophy. Vol. VII. New York und London 1967. S. 294-302.

Hedenius, Ingemar

1. Studies in Hume's Ethics. In: Adolf Phalén in memoriam. Philosophical Essays. Hrsg. von Ingemar Hedenius, Konrad Marc-Wogau und Harald Nordenson. Uppsala und Stockholm 1937. S. 388-485.

2. Über den alogischen Charakter der sog. Werturteile. Bemerkungen zu Ernst Cassirer „Axel Hägerström. Eine Studie zur schwedischen Philoso-

phie der Gegenwart". *Theoria* V/1939. S. 314-329.
3. Überzeugung und Urteil. *Theoria* X/1944. S. 120-170.
4. Values und Duties. *Theoria* XV/1949. S. 108-115.
5. Om rätt och moral. Zweite Auflage. Stockholm 1965.
6. Om människans moraliska villkor. Göteborg 1972.

Hemberg, Jarl
Religion och metafysik. Axel Hägerströms och Anders Nygrens religions-
teorier och dessas inflytande i svensk religionsdebatt. Stockholm 1966.

Hök, Gösta
Värdeetik, rättsetik, kristen kärleksetik. Tre alternativ. Stockhom 1933.

Hof, Hans s. Ericson, Per

Hume, David
1. A Treatise of Human Nature. Hrsg. von L.A. Selby-Bigge. Oxford 1888.
2. Enquiries Concerning the Human Understanding and Concerning the
Principles of Morals. Hrsg. von L.A. Selby-Bigge. Zweite Auflage. Oxford 1902.

Jansson, Jan-Magnus
Hans Kelsens statsteori mot bakgrunden av hans rättsfilosofiska åskådning.
Helsingfors 1950.

Jareborg, Nils
Värderingar. Stockholm 1975.

Jeffner, Anders s. Ericson, Per

Jonson, Erik
Det kategoriska imperativet. Värdeteoretiska studier i Kants etik. Uppsala 1924.

Kaplan, Abraham
Logical-Empiricism and Value Judgments. In: The Philosophy of Rudolf
Carnap. Hrsg. von Paul Arthur Schilpp. La Salle/Ill. 1963. S. 827-856.

Klingberg, Wilhelm
Den intellektuella spärren. Trons svårigheter i belysning av Axel Hägerströms filosofi. Stockholm 1966.

Kraus, Oskar
Die Werttheorien. Geschichte und Kritik. Brünn, Wien, Leipzig 1937.

Lang, Dieter
Axel Hägerström, Über die Wahrheit moralischer Vorstellungen. *Perspektiven der Philosophie* 5/1979. S. 207-217.

Larsson, Hans
Filosofien och politiken. Stockholm 1915.

Liljeqvist, Efraim
Meinongs allmänna värdeteori. Göteborg 1904.

Lindroth, A. Hjalmar J.
1. Verkligheten och vetenskapen. En inblick i Axel Hägerströms filosofi. Uppsala 1929.
2. Tron och vetandets gräns. Kritiska synpunkter på den moderna Uppsala-filosofien. Uppsala 1933.

Ljungdal, Arnold
Nihilismens filosofi. Stockholm 1943.

Locke, John
An Essay concerning Human Understanding. 17. Auflage. London 1775.

Logren, Ernst
Huvuddragen av Hägerströms filosofi. Uppsala 1944.

Mac Leod, Andries
Tre uppsatser om Hägerström, Zenon från Elea och relativitetsteorin. Uppsala 1973.

Marc-Wogau, Konrad
1. Vad är "Uppsalafilosofien"? V. Värdesubjektivismen; värderingens begrepp. *Gaudeamus* X/1933. S. 9f. und 16.
2. Über die Begriffe „bindende Kraft des Rechts", „Rechtspflicht" und „subjektives Recht". Bemerkungen zu Karl Olivekronas Kritik dieser Begriffe. *Theoria* VI/1940. S. 227-237.
3. Studier till Axel Hägerströms filosofi. Falköping 1968.
4. Die Ontologie Axel Hägerströms. In: Jenseits von Sein und Nichtsein. Beiträge zur Meinong-Forschung. Hrsg. von Rudolf Haller. Graz 1972. S. 47-54.

Meinong, Alexius
Psychologisch-ethische Untersuchungen zur Werth-Theorie. Graz 1894.

Moore, George Edward
1. Principia ethica. Cambridge 1903.
2. Ethics. London 1912.

Moritz, Manfred
Inledning i värdeteori. Värdesatsteori och värdeontologi. Lund 1967.

Næss, Arne
1. Noen verditeoretiske standpunkter. *Filosofiske Problemer* 7/1948. S. 1-28.
2. Do we know that basic norms cannot be true or false? *Theoria* XXIV/1958. S. 31-53.
3. Normobjektivitet og verdinihilisme. Refleksjoner over debattens status idag. *Insikt och handling* 3/1960. S. 76-84.

Ofstad, Harald
Objectivity of Norms and Value-Judgments According to Recent Scandinavian Philosophy. *Philosophy and Phenomenological Research* XII/1951-
52. S. 42-68.

Ogden, C.K. und Richards, I.A.
The Meaning of Meaning. A Study of The Influence of Language upon
Thought and of the Science of Symbolism. Second edition revised. Lon-
don 1927.

Oxenstierna, Gunnar
Vad är Uppsala-filosofien? Stockholm 1938.

Passmore, John
Hägerström's Philosophy of Law. *Philosophy* XXXVI/1961. S. 143-160.

Petersson, Bo
1. Axel Hägerströms värdeteori. Uppsala 1973.
2. The Substitution-Argument. In: ThD 60. Philosophical essays dedicated
to Thorild Dahlquist on his sixtieth birthday. Uppsala 1980. S. 118-128.

Phalén, Adolf
Om omdömet. In: Festkrift tillägnad Hans Larsson den 18 februari 1927.
Stockholm 1927. S. 157-175.

Plato
Dialogi. Graece et latine. Ex recensione Immanuelis Bekkeri. Partis tertiae
volumen primum. Berolini 1817.

Prawitz, Dag
Om moraliska och logiska satsers sanning. In: En filosofibok tillägnad
Anders Wedberg. Hrsg. von Lars Bergström, Harald Ofstad und Dag
Prawitz. Stockholm 1978. S. 144-155.

Prior, Arthur N.
Logic and the Basis of Ethics. Oxford 1949.

Rehfeldt, Bernhard
Wertnihilismus? Bemerkungen zu Theodor Geiger, Vorstudien zu einer
Soziologie des Rechts. *Kölner Zeitschrift für Soziologie* 6/1953-54.
S. 274-279.

Richards, I.A. s. Ogden, C.K.

Rodhe, Sven Erik
Über die Möglichkeit einer Werteinteilung. Lund und Leipzig 1937.

Ross, Alf
1. Kritik der sogenannten praktischen Erkenntnis. Zugleich Prolegomena
zu einer Kritik der Rechtswissenschaften. Kopenhagen und Leipzig 1933.
2. On the Logical Nature of Propositions of Value. *Theoria* 11/1945.

S. 172-210.

3. Sociolog som retsfilosof. Theodor Geiger: Debat med Uppsala om moral og ret. *Juristen* XXVIII/1946. S. 259-269.

4. Replik til Professor Geiger. *Juristen* XXVIII/1946. S. 319-324.

Russell, Bertrand
Religion and Science. London 1935.

Ryding, Erik
Den svenska filosofins historia. Stockholm 1959.

Sandin, Robert T.
The Founding of the Uppsala School. *Journal of the History of Ideas* XXIII/1962. S. 496-512.

Segerstedt, Torgny T.
1. Value and Reality in Bradley's Philosophy. Lund 1934.
2. Verklighet och värde. Inledning till en socialpsykologisk värdeteori. Lund 1938.

Sjögren, Carl Johan
Andries Mac Leod, matematiker och filosof. Svenska Dagbladet, 16.2. 1961.

Sjöstedt, C.E.
De filosofiska problemens historia. Stockholm 1949.

Stevenson, Charles L.
1. The Emotive Meaning of Ethical Terms. *Mind* XLVI/1937. S. 14-31
2. Ethics and Language. Zweite Auflage. New Haven und London 1946.

Storheim, Eivind
Västerlandets tänkare. Från antiken till våra dagar. Bd. III. Stockholm 1962.

Tegen, Einar
1. Viljandet i dess förhållande till jaget och aktiviteten. Uppsala und Leipzig 1928.
2. The Basic Problem in the Theory of Value. *Theoria* 10/1944. S. 28-52.

Urmson, J.O.
The Emotive Theory of Ethics. London 1968.

Vannérus, Allen
Hägerströmstudier. Stockholm 1930.

Wedberg, Anders
1. Den logiska strukturen hos Boströms filosofi. En studie i klassisk metafysik. Uppsala 1937.
2. Svar på Martin Fries' anmärkningar. *Theoria* IV/1938. S. 282-293.
3. Artikel „Hägerström". In: Svenska män och kvinnor. Biografisk

uppslagsbok. Bd. III. Stockholm 1946. S. 586-588.

4. Filosofins historia. Från Bolzano till Wittgenstein. Stockholm 1966.

Westermarck, Eduard

Ursprung und Entwickelung der Moralbegriffe. Erster Band. Leipzig 1907.

Printed in the United States
By Bookmasters